Cœurs Ardents

Histoires de transformation

Bonjour Cécile,
J'espère que ce livre te plaira.
Bonne lecture !
Charles

EDITIONS SAISONS DU MONDE

Note de l'éditeur

Nous sommes très heureux de vous présenter *Cœurs Ardents*, un recueil d'histoires de transformation, vécues par vingt deux chercheurs du mouvement Heartfulness (HFN). La moitié de ces histoires sont issues de la troisième partie du livre *The Divine Spark* publié en anglais pour la première fois par Claire Gormley en 2012. Nous les avons traduites et en avons ajouté d'autres, provenant de chercheurs français. Ce sont des histoires courageuses et authentiques : ces chercheurs – de nationalité et de religion différente – cherchent avant tout à retourner à la lumière. Ils pratiquent tous Heartfulness, une voie spirituelle centrée sur le cœur. Le cœur, siège de l'âme selon les traditions spirituelles, semble relié à un champ d'information hors de l'espace-temps selon les dernières découvertes scientifiques. Heartfulness offre une méthode guidée de relaxation, de méditation et de nettoyage des impressions cognitives (voir annexes) et repose sur une approche scientifique et expérimentale où le chercheur est à la fois le témoin, l'objet et le résultat de l'expérience.

Ce livre souligne les bienfaits de la spiritualité et encourage la pratique de la méditation. Il ne fait pas la promotion d'une voie spirituelle particulière aux dépens des autres : Heartfulness ne prétend pas être la seule voie spirituelle pour retourner à la lumière !

Nous vous souhaitons une bonne lecture !

« *Je peux vous assurer qu'il n'y a là rien de difficile, car rien n'est difficile sur le sentier divin. Une ferme volonté, associée à une attention indéfectible sont les seuls prérequis. Ce que vous recherchez se trouvera alors tout près de vous, ou plutôt en vous, car en fait vous êtes vous-même ce que vous recherchez. Il ne faut pour cela qu'un coeur ardent, capable de consumer les mauvaises herbes et les broussailles qui sont sur le chemin.* » (**Ram Chandra**)

Charles Thomas

Préface

Qu'est-ce qu'être sinon épanouir l'amour ?

Et qu'est-ce qu'épanouir l'amour sinon passer d'une limite à une autre limite ? Sans que jamais cet épanouissement n'atteigne l'infini ? Puisqu'à chaque instant l'Etre est.

Et si tout est amour, alors comment est-il possible qu'il soit limité à moins que quelque chose ne le limite ? Autre chose que l'amour ?

Faire reculer cette limite, sans jamais cependant atteindre l'unité absolue, puisqu'on ne cesse jamais d'être, c'est tout le propos de toutes les spiritualités. À supposer qu'il y en ait plusieurs.

Y en a-t-il plusieurs ? Toutes les religions, toutes les disciplines, toutes les sciences, ne cherchent-elles pas la même unité ? Il serait saugrenu d'imaginer plusieurs unités.

Si on cherche l'unité, c'est que nous nous croyons multiples. Pourtant certains supposent cette unité primordiale, bien que, si elle était primordiale, il n'y aurait aucune raison de l'avoir quittée (d'où l'invention des « chutes », « involutions » et autres qui ne sont que des hypothèses sans fondement autre que l'ignorance).

Nous vivons séparés. Et pourtant on parle d'« Etre ». On parle de « Source ». On parle de « Vérité ». Uniques.

Si on cherche l'unité, ce qui est la définition de l'amour, et si l'amour est l'énergie universelle unique, c'est bien que cela, cette recherche, est la Vérité. Pas l'unité. C'est bien qu'en fait il n'y a jamais eu chute à partir de l'unité. On y va, on n'en vient pas.

L'unité est et reste un BUT. Et ce But, source de toute énergie (sans but on n'est plus rien) nous anime tous. UNICITE du But. Le même But d'unité nous anime tous. Ce qui nous est le plus intime est ce que nous avons tous en commun. La recherche de l'unité est notre unité.

Comme dit Matthew Tobin dans le 22ème témoignage de ce recueil émouvant et édifiant : *« la dimension spirituelle de la vie me paraissait à la fois urgente et impossible » ; « je pouvais l'apercevoir au loin, mais je savais que je ne pourrais jamais l'atteindre ».* Y a-t-il jamais eu autre chose que cette recherche ? Intuition de ce qui n'a pas de fin.

L'unité est déjà là, dans cette recherche. Nulle part ailleurs. Pourquoi cette « simplicité », on pourrait dire cette « évidence », cette « humilité » semble-t-elle si lointaine qu'on invente mille disciplines, mille mythes, pour tenter de prendre contact avec ce que nous sommes de toute éternité ?

C'est tout le propos du *jnana yoga*, le yoga de la connaissance immédiate, de la compréhension directe que tout est soi, UN.

Et UN c'est soi, car il n'y a que SOI. Et soi est une recherche, pas un « état ». Si on se croit un « état », on se prend pour l'ego, et on est séparé et provisoire. Donc on est dans la peur et on cherche le pouvoir. Si au contraire on se sait le Soi, donc cette recherche universelle, on est l'Eternel commun à toute apparence.

Ce qu'on appelle la « Haute Métaphysique » est cette compréhension hyper-rationnelle de ce que c'est que Soi et pourquoi cela est. « Hyper-rationnel » n'est-ce pas mental ? Au contraire, le mental déteste l'Hyper-Rationalité car cela remet en cause l'ego qu'il défend. Et l'empêche de s'opposer à la Réalisation spirituelle. La Haute Métaphysique consiste à réformer ce mental pour l'ouvrir au Supramental en le réconciliant avec ce qui lui fait peur. Voilà pour les définitions.

Nous fuirions-nous nous-même dans cette croyance en la multiplicité alors que nous sommes tous la même recherche ? Oui, et c'est une stratégie inconsciente pour conforter l'ego matérialiste. Tous les témoignages de ce livre expriment combien cette remise en cause du mental a été difficile mais féconde à partir de méditations d'intégration du corps et par suite des mémoires. On peut appeler cela « purification », mais il n'y a rien à purifier. Il n'y a qu'à transmuter le plomb en or.

Le *jnana yoga* n'est pas que le propos de la méditation Heartfulness (« plénitude du cœur ») qui est une forme de *raja* yoga (yoga de l'esprit). Cette méditation utilise une méthode de nettoyage pour évacuer les émotions qui, par définition étymologique (« mouvement vers l'extérieur »), nous « éloignent de nous-même ». Mais dans les deux cas, il s'agit d'une recherche du « Rien ». Il n'y a pas d'autre nécessité, pas d'autre source d'amour.

Pas facile d'identifier le but de l'amour à rien. Seule la Haute Métaphysique permet d'apaiser ce questionnement mental qui freine l'épanouissement spirituel. L'Etre est dualité. Conscience. L'unité serait extinction de l'Etre. Mais rassurez-vous, si nous sommes là de toute éternité, c'est justement parce que le But est et reste un but, jamais accompli. Notre affaire c'est d'aimer plus.

Aller vers l'unité absolue, en reconnaissant que cette recherche est une et universelle. Seule unité vécue. Notre affaire c'est de reconnaître cette unicité, cette énergie unique que nous sommes parce qu'elle anime toutes ses formes, et d'en tirer les conséquences. Mais jamais de le vivre au point d'atteindre ce « Rien » qui échappera toujours à l'Etre.

Le vrai Néant c'est l'instant présent, mais l'Etre est toujours dans le temps et l'espace, cherchant perpétuellement à être davantage présent, et en particulier par la méditation, toutes les méditations : présent au corps (*hatha yoga* et *yoga nidra*), présent aux autres (*karma yoga*), présent à l'essence de soi en nettoyant les mémoires qui en éloignent (*raja yoga*).

Le futur mène toujours vers le Présent, seul néant, sans jamais l'atteindre, car « Rien » a vocation à être infini, sinon c'est qu'il y a autre chose, et l'infini n'a jamais fini de se réaliser, sinon c'est qu'il est fini. C'est pourquoi l'Etre est, et est perpétuelle évolution.

Ce paradoxe de l'Absolu à la fois nécessaire et impossible est la source de la dualité universelle, il n'y a pas besoin d'inventer une « chute » pour l'expliquer. Cette dualité est vécue comme « magnétique » et suffit à expliquer tous les phénomènes de l'univers, y compris la « gravitation » et les autres « interactions physiques » bien entendu.

Si nous allons vers l'unité, c'est bien que nous ne venons pas d'un « big bang » originel qui nous éparpillerait. Et c'est important car tant que le mental se complait dans les hypothèses matérialistes, il en profite pour freiner au maximum notre épanouissement spirituel qui lui fait si peur. Il renie l'amour.

Pourquoi peur ? Eh bien simplement parce que l'ego, que le mental a charge de solidifier et de défendre, se croit « quelque chose », et n'a nullement envie d'y renoncer. C'est ce qui oppose encore trop souvent science et spiritualité.

Il ne saurait donc y avoir épanouissement spirituel sans détachement de l'ego. Pas suppression de l'ego : détachement. Fin de l'attachement. Ne serait-ce pas cet attachement qui freine notre réalisation et fait en sorte que le Rien ne soit jamais atteint ? Evidemment oui. Il n'y aura toujours que la conscience, c'est-à-dire séparation, parce que l'infini n'est jamais un état, seulement une nécessité. D'où l'espace rejeté par la conscience, à intégrer dans l'amour, et le temps qui caractérise cet amour jamais abouti. La conscience est éternelle, l'évolution spirituelle aussi.

Alors la méditation Heartfulness ferait-elle exception et permettrait-elle de réaliser cette unité qui est néant ?

Evidemment pas. La méditation Heartfulness est une recherche de l'unité, et si un sentiment d'unité, d'amour quasi-infini peut être ressenti, peut-être mieux ou plus simplement que par d'autres disciplines, elle n'en reste pas moins au début une activité mentale consciente, donc dualiste.

On ne peut aimer sans conscience. Pas d'attraction sans répulsion. Pas de Tao sans différenciation Yin-Yang. Ce n'est pas une chute, c'est l'Etre. Nécessité de l'impossible unité.

Faut-il le regretter et renoncer ? Certainement pas, on ne renoncera pas à être, on ne renoncera pas à évoluer, et le fait que le But soit inaccessible en conscience est la plus belle des choses. Cela signifie que jamais la conscience ne s'éteindra car jamais l'amour ne cessera de grandir. Nous sommes condamnés à aimer et à aimer de plus en plus, Règne après Règne. Et le « Supramental », là où le mental n'a plus peur d'aimer, auquel toute l'humanité a vocation à accéder incessamment, n'est pas du tout l'aboutissement. Ce n'est que le point de départ du vrai amour. L'amour sans attachement justement. Donc la régulation des émotions, et c'est bien là le but de tout *raja yoga*, discipline simplement humaine.

Un cœur de plus en plus ardent. Voilà ce qui vous est promis.

Un *« voyage infini vers l'unité »* comme dit la Canadienne Christine Prisland. « *Tous attirés par la même lumière* », mais qui n'est « lumière » que parce qu'on ne l'atteint pas. Si on était dedans, il n'y aurait rien, comme dit le Soufi. Il n'y a pas lieu au romantisme spirituel, qui consisterait à croire que l'Absolu est plus que sa recherche. Ce ne serait qu'un frein mental supplémentaire à notre réalisation. Ceux qui s'attachent à l'idée d'une réalité infinie s'insurgeront, tant qu'ils n'auront pas compris que, ce faisant, ils nient l'éternité de l'amour : Illimité toujours, infini jamais.

C'est pourquoi la vie a un sens. Un sens, c'est aussi une direction. Un but. Un sens que vous aussi, si ce n'est fait, vous allez reconnaître au travers de ces pages.

Un but qu'on atteindrait ne serait plus un but. Plus de sens.

« J'ai découvert un but spirituel, et ce but est devenu le centre de ma vie », dit l'Australienne Elisabeth Denley. Il n'y a rien d'autre que le But. Nous sommes la manifestation du But en tant que but, donc sa non-réalisation. Si le mental s'insurge, c'est qu'il fuit l'Hyper-Rationalité, et donc qu'il répugne au Supramental. On a le droit, c'est pour cela qu'on s'incarne et se réincarne tant et tant de fois. Rien n'est grave, on n'échappe pas à l'évolution.

« Si Dieu est amour, pourquoi les guerres, pourquoi les enfants meurent », demande la Française Solange Arnoux. Eh bien pour cela précisément. Si on va vers

l'amour infini, c'est bien qu'on n'y est pas. « *Vous êtes ce que vous cherchez* » dit Babuji. Aimez la dualité. Ne comparez pas la réalité à un idéal qui n'est pas. Aimer la dualité, remercier l'imperfection du Relatif, est le meilleur moyen de développer l'amour, et cela suppose de COMPRENDRE. Pas de croire. « *Quand la religion s'arrête, la spiritualité commence* ».

Alors commençons-là, en compagnie de tous ceux et celles qui ont choisi ardemment le chemin vers l'inaccessible Etoile, quelle que soit la voie qu'ils ont choisie, et quels qu'en soient les renoncements. Merci beaucoup.

Frank HATEM DSD, Président de l'Université Francophone de Haute Métaphysique et Métaphysique Opérative.

Table des matières

1. Le voyage infini

Christine Prisland (Canada)

Comment allons-nous de « Là-bas » jusqu' « ici-bas » et y retournons-nous ? Nous avons tous une histoire différente à raconter, un chemin différent à prendre pour arriver au même endroit. Même si, je le suppose, il n'y a pas de destination finale, c'est un voyage infini vers l'Unité.

Au départ, il y a une étincelle divine et, parallèlement, une aspiration intérieure à établir, dans notre vie, une connexion toujours plus profonde avec cette étincelle. Pour certains, cela se traduit par un succès sur le plan matériel et social, jusqu'à ce que l'aspiration à un sens plus profond devienne essentielle, dans cette vie ou dans une autre. Pour d'autres, c'est ici et maintenant. C'est une ouverture du cœur, c'est la prise de conscience que notre véritable but est « Là-bas ». Chacun à notre manière, nous commençons alors à répondre à cet appel.

Depuis ma plus tendre enfance, j'ai ressenti qu'il existait, au-delà de la pensée, une mémoire subtile. C'était à la fois une conviction et un désir profond : « Cette fois, je ne vais pas perdre mon temps ! » Je ne me suis jamais vraiment demandé ce que cela voulait dire ; c'était pourtant omniprésent et j'en prenais conscience de temps à autre. Je supposais que tout le monde avait ce genre de ressenti. Je n'en ai jamais parlé à personne, sauf beaucoup plus tard, après avoir été en contact, pendant un certain temps, avec mon guru – je l'ai alors perçu comme une expérience d'avant ma naissance, une expérience qui avait façonné mon chemin de vie. J'ai grandi dans les prairies canadiennes, où l'on pratiquait le christianisme, et j'ignorais tout des autres religions. Mes parents n'allaient pas à l'église, mais ils m'envoyaient au catéchisme. Je me souviens que l'essentiel de ce que nous faisions était de colorier des images tirées de la Bible, comme par exemple des personnages barbus portant de grandes robes. À la fin de chaque leçon, une petite récompense était attribuée au meilleur coloriage. J'étais très fière quand je gagnais, mais je n'ai rien appris au sujet du message sublime et plein d'amour de Jésus. Peut-être cette expérience explique-t-elle les tentatives que j'ai faites, par la suite, de trouver, dans différentes églises chrétiennes, un sens à ma vie…

C'était au début de l'été, par une nuit sombre et douce, au cœur de la prairie. J'avais seize ans, il était environ minuit et je rentrais en voiture d'une soirée de danses folkloriques. Nous avions ralenti sur une partie de la route en travaux lorsque, brusquement, la voiture devant nous s'est arrêtée. Une camionnette avait traversé la route et l'avait heurtée de plein fouet. Il y a eu un profond silence puis nous avons entendu des cris et des gémissements. J'étais sous le choc : un ami venait d'être tué sur le coup. Le jour suivant, lorsque j'ai eu la confirmation de sa mort, je me suis aperçue pour la première fois que la vie était beaucoup plus vaste que celle, mondaine, que j'avais vécue. J'ai su, avec une certitude qui venait du plus profond de moi, que c'était uniquement le *corps* de mon ami qui était mort. D'une certaine manière, son Esprit, son Essence continuaient à vivre. Ainsi, ma quête d'un sens plus profond commençait à germer. Ceci était la première graine.

Deux ans plus tard, à l'âge de dix-huit ans, j'ai participé à une retraite silencieuse. Le week-end se déroulait dans un monastère catholique, situé dans les contreforts des montagnes rocheuses. C'était la première fois que j'expérimentais une vie plus simple et le silence intérieur dont j'avais tant besoin. Par la suite, j'ai fréquenté différentes églises à la recherche d'un apaisement, d'un sens, d'une compréhension plus vaste de la vie. Certes, j'y ai rencontré la beauté du rituel et de la tradition, mais cela m'a semblé superficiel, et rien ne résonnait avec mon aspiration profonde.

Puis j'ai découvert des livres sur les yogis, les saints de l'Inde, et le message profondément simple que je cherchais : la quête est à l'intérieur, l'âme ne meurt pas et nous sommes tous des étincelles du Divin.

En 1971, j'ai pris quelques leçons de *hatha yoga* et j'ai senti quelque chose « résonner » à l'intérieur. J'ai décidé de partir en Inde afin de trouver un professeur de *hatha yoga*. Et donc, pleine d'innocence mais confiante et convaincue que j'en trouverais un, je me suis lancée en septembre de la même année dans cette grande aventure, sans même un nom ou une adresse. J'ai réalisé, plus tard, que mon cher Guide m'*attirait* inexorablement vers lui.

J'ai atterri à Londres, acheté une voiture, roulé jusqu'à Athènes, puis vendu mon véhicule. J'ai voyagé en train, en bateau, en bus et en taxi à travers la Turquie, l'Iran, l'Afghanistan et le Pakistan et, finalement, franchi la frontière indienne deux jours avant la guerre indo-pakistanaise. Mais dès l'instant où j'ai posé le pied en Inde, j'ai éprouvé le sentiment, intense et bouleversant, d'être « chez moi ». Je suis alors passée d'une vie ancienne à une vie nouvelle, et j'ai ressenti une véritable joie.

Au cours de trois mois, de manière fortuite, j'ai rencontré plusieurs fois un homme, d'abord à Londres, puis à Delhi, puis de nouveau à Katmandou. Il m'a convaincu que nos rencontres n'étaient pas du tout le fruit du hasard, mais que je devais commencer la méditation qu'il pratiquait et rencontrer son enseignant. J'étais réticente, car je désirais rencontrer un professeur de *hatha yoga*. Mon plan était d'acquérir une méthode, puis de retourner l'enseigner au Canada, ce qui selon moi devait m'assurer une vie paisible et heureuse ! Or, dans ce qui m'était proposé, il s'agissait de *raja yoga*, le yoga de l'esprit, qui mettait l'accent sur la pratique de la méditation. J'ai cependant cédé aux instances de mon ami et suis retournée à Delhi pour être introduite. J'ai immédiatement écrit au guide spirituel, Babuji[1], afin d'obtenir l'autorisation de lui rendre visite, et, dix jours plus tard... j'étais auprès de lui.

Ma quête a alors pris fin, la transformation intérieure et le changement ont commencé. Babuji, qui était à ce moment-là le responsable de ce système de méditation, ne m'a pas séduite par des miracles, des fleurs ou des présents, mais par sa simplicité, sa joie, son humanité et sa divinité absolue. En fait, il « travaillait » sur ma condition intérieure. Dès cette première visite, j'ai su que je serais à lui, pour toujours. La graine que je sentais en moi, éveillée depuis quelque temps, il la touchait, la nourrissait, afin de la faire grandir et fleurir.

J'ai finalement réalisé à quel point *toute ma vie* il avait été présent, probablement même plusieurs vies auparavant, et à quel point il m'avait protégée et, au moment voulu, amenée en douceur tout naturellement à ses pieds. Les évènements de ma vie, tels des perles entre ses mains, se sont transformées en un collier d'amour et de foi.

---

[1]Il s'agit de Ram Chandra (1899 - 1983), deuxième guide spirituel du mouvement HFN (NDE).

Au cours de cette première visite, Babuji m'a demandé si je souhaitais l'aider à introduire d'autres personnes à cette pratique. Mon esprit, et en particulier mon ego, dans sa lutte pour retrouver son autonomie, disait : « *non, non, non...* », mais mon cœur a cette fois-ci gagné la bataille, car j'ai dit : « *oui.* » J'aurais aimé pouvoir dire que cela a été le dernier soubresaut de mon ego, mais le voyage est rempli de tels moments, et c'est seulement dans Son souvenir que je peux permettre à mon cœur de suivre son chemin.

Deux mois après cette première rencontre, j'étais de nouveau à Delhi. Après la méditation du matin, j'ai ouvert les yeux et découvert un monde différent. Tous les gens, les plantes et les arbres *vibraient* avec la divinité. Certes, je pouvais voir la forme extérieure, mais mes yeux – intérieurs et extérieurs – percevaient aussi la divine essence intérieure. Cela a duré environ deux heures puis, graduellement, s'est atténué. Ce jour-là, mon formateur m'avait offert un grand cadeau : voir l'Unité en tout et partout. Comment pouvons-nous être en colère, ou avoir peur, ou choisir de n'aimer qu'une ou deux personnes… alors que tout est essentiellement divin ?

Le grand voyage continue, toujours plus profondément, il se déploie et se modifie. Chaque jour, dans les fibres de mon être, l'amour et la gratitude envers le Bien-aimé grandissent, plus intensément.

2. Un tournant

Elisabeth Denley (Australie)

Pendant les années soixante-dix, j'ai travaillé comme écologiste maritime, dans une zone de marées sur des rivages rocheux. C'était devenu une seconde nature : savoir quand la marée change, quand les vagues surgissent et montent au rythme de l'eau en réponse à la lune. Dans toutes les cellules de mon corps, l'eau résonnait avec la mer, me faisant ressentir les vagues ou bien les changements de direction. Chacune de mes cellules ressentait le changement de la marée. C'est encore vrai à présent : j'ai toujours aimé les cycles de la Nature.

La vie travaille, non en ligne droite, mais par cycles. Il y a donc toujours des tournants et celui-ci a été l'un de ces moments critiques. Le flux de la vie s'est déplacé, le courant a changé de direction. Dans mon cas, c'est arrivé à un moment précis : l'après-midi du 17 août 1989. Tout ce que j'ai vécu auparavant était en fait une préparation, tout ce qui a existé depuis est le déploiement de cet instant.

L'appartement en question se trouvait dans un immeuble de la vieille ville de Genève, près de la gare et du Rhône. Il avait été construit il y a longtemps, pas pour les gens du vingtième siècle, mais à l'époque où les gens étaient beaucoup plus petits. Les escaliers, en colimaçon, étaient étroits et sombres. J'ai préféré choisir l'ascenseur, dont les portes dorées ont grincé en se fermant, et la cabine s'est lentement dirigée vers le troisième étage.

Les événements les plus importants de ma vie n'ont jamais été prémédités. Ils m'ont toujours surpris et ont exigé un saut dans l'inconnu, une réponse courageuse du cœur. Une semaine auparavant, en effet, un ami des Nations-Unis m'avait tendu un document à lire. C'était une photocopie qui évoquait la nature de l'amour et de la vie humaine. C'était ésotérique et philosophique. Intellectuellement, l'ensemble ne semblait pas avoir de sens, mais quelque chose a éveillé ma curiosité. Je l'ai appelé et lui ai montré mon intérêt. Il était content, sa réaction a été pleine de vie et de charisme :

— Je serai absent la semaine prochaine, mais si tu viens chez moi, un ami proche te donnera davantage d'explications. À quelle heure et quel jour peux-tu venir ? Dis-le-moi, je m'assurerai qu'il sera là.

J'ai répondu :

— Pourquoi pas jeudi, vers 15 h ?

Mon ami a conclu :

— Je lui dirai d'être là.

J'ai donc frappé à sa porte ce fameux jeudi, à 15 h, sans savoir ce qui allait se passer. Un homme, de taille imposante et d'origine étrangère, m'a ouvert la porte. Il s'est incliné avec grâce et, me faisant signe de rentrer, m'a souhaité la bienvenue. Sa femme et ses jeunes enfants étaient là : c'était une scène de la vie ordinaire, il y avait des odeurs de cuisine – tomates, oignons, haricots… – et les enfants jouaient en riant.

En guise d'introduction, nous nous sommes assis quelques minutes à la table de la cuisine, et avons échangé trois ou quatre phrases. Des plaisanteries.

Puis il a dit : « *Allons méditer dans l'autre pièce, ce sera plus calme.* » C'est ce que nous avons fait, et nous sommes assis face à face, sur deux chaises. Il m'a alors demandé de fermer les yeux et de penser que la lumière divine était dans mon cœur.

Il a ensuite prononcé ces mots : « *Commençons la méditation.* »

Ce qui m'est arrivé est au-delà des mots. Une porte s'est ouverte en moi. Mon cœur était vivant et éveillé, palpitant comme dans cette histoire où la « belle au bois dormant », après un sommeil de cent ans, se réveille sur un simple baiser ! C'était si simple : j'étais assise, immobile et les yeux fermés. Et pourtant cette expérience a changé ma vie.

Une demi-heure s'est écoulée, je suis sorti de la méditation lorsqu'il a dit : « *C'est tout.* » Il m'a souri et m'a demandé si j'avais expérimenté quelque chose.

Mon esprit était submergé de questions : « *Qu'avez-vous fait pour éveiller mon âme ? Comment avez-vous fait ? Quel était ce battement dans mon cœur, il ressemblait à celui d'un papillon ? Pourquoi ai-je vu des couleurs ? Pourquoi mon rythme cardiaque était-il si bruyant et si fort, comme après une longue course, et en même temps lent et stable ? Pourquoi ai-je ressenti tant de chaleur et d'amour, comme si j'étais arrivée à l'endroit le plus beau et le plus sûr du monde ?* »

Mais il n'y avait aucune réponse dans mon esprit. Tout était si normal. Les réponses étaient en moi, et elles viendraient avec le temps.

À mon réveil le jour suivant, j'étais impatiente de méditer une deuxième fois. J'avais appris que l'on m'avait donné une séance d'introduction à la méditation HFN, je ne savais pas alors ce que cela voulait dire. La seconde méditation a été encore plus profonde que la seconde. En fait, elle a été si divine que j'ai pensé que c'était le moment clé de ma vie. J'ai ressenti, au sommet de ma tête, une forte sensation électrique, et en même temps une expansion au niveau du cœur, au-delà de tout ce que je pouvais imaginer. Je vivais le sentiment incroyable d'être unie avec tout dans cet univers.

J'avais auparavant cherché cette unité dans la nature, dans la musique, dans les relations et dans les drogues, mais je découvrais là le moyen d'expérimenter des états divins, au-delà de l'esprit humain ordinaire et sans aucun recours extérieur. Et la qualité de l'expérience était profonde et divine. Je savais que cette expérience était le sommet de l'iceberg, qu'il y avait tant à venir et j'étais très excitée à l'idée de m'embarquer dans un voyage… dont je pressentais qu'il était le but de ma vie.

Le troisième jour, cet homme m'a donné la dernière séance d'introduction à la méditation et m'a dit que je pouvais commencer à pratiquer de mon côté. Il m'a aussi invitée à venir le week-end suivant, avec ma famille, dans un château situé dans la campagne française, à deux heures de Genève. Il y avait un séminaire et nous pourrions rester au centre de méditation et voir le *guru*.

J'étais attirée et j'aspirais à davantage de méditation. C'était de la *nourriture* pour mon âme. J'ai donc demandé à mon mari de venir. Nous avons voyagé en compagnie de notre petite fille, et sommes arrivés en début de soirée au centre de méditation d'Augerans, un petit village situé en Franche-Comté.

Ce soir-là, j'ai assisté à la méditation de groupe ; je suis arrivée une ou deux minutes en retard, et me suis assise en silence à l'arrière du hall de méditation. Je m'étais assurée que notre fille était bien installée avec mon mari au cottage des enfants. À nouveau, l'expérience a été intense et profonde. Je m'éveillais à des énergies auparavant endormies, et l'expérience ressemblait à de l'air qu'on souffle à quelqu'un qui vient de se noyer. Lorsque j'ai entendu : « *C'est tout* », j'ai ouvert les yeux et j'ai regardé la personne, assise au premier plan, qui conduisait la méditation. Il me fixait directement et j'ai ressenti une telle connaissance de tout mon être, un souvenir, une connexion immédiate, exactement comme lors d'un « coup de foudre ». L'état de méditation continuait même si nous avions les yeux ouverts. Il m'a regardé, mais pas physiquement. Il était branché sur une dimension au-delà du physique. Cela a peut-être duré quelques secondes, mais cela m'a semblé une éternité et je ressentais une profondeur au-delà de tout ce que j'avais connu. C'était comme plonger dans l'essence de la vibration.

Qui était cet homme ?

Son nom était Chariji[2]. C'était un Indien de grande taille, très énergique et élégant. C'était le guide spirituel. Je ne savais pas ce que cela signifiait, mais j'étais attirée par lui, tout comme les abeilles par le nectar des fleurs.

Au cours des vingt-quatre heures qui ont suivi, mon mari et moi avons remarqué que partout où il se déplaçait, une horde de gens se bousculaient autour de lui, désirant lui parler, être en sa présence, attirer son attention. À cette époque,

---

[2]Il s'agit de Parthasarathi Rajagopalachari (1927 - 2014), troisième guide du mouvement HFN (NDE).

cela m'a semblé un peu bizarre, et cela a vraiment irrité mon mari, mal à l'aise avec ce phénomène de « groupies » et de guide spirituel. Normalement, je n'aurais pas dû me sentir à l'aise, mais quelque chose à l'intérieur de moi s'ouvrait à la nouveauté et j'ai donc observé ce phénomène : tous ces gens voulaient se rapprocher de lui.

Pour revenir en arrière, j'ai été élevée dans une famille athée, mes parents étaient cyniques vis-à-vis de la religion et de tout ce qui y ressemblait. Moi, à l'inverse, même si je n'étais pas « religieuse », j'ai toujours été attirée, depuis ma plus tendre enfance, par la dimension spirituelle de la vie. En regardant en arrière, je m'aperçois que je n'avais pas relié mes expériences à la spiritualité. Elles faisaient juste « partie » de ma vie. Enfant, je me souviens avoir été consciente de la présence d'êtres immatériels. Je me souviens avoir vécu des états modifiés de conscience, à des moments où j'étais malade et fiévreux. J'avais toujours conscience d'univers parallèles et d'états de « super conscience ». Je me souviens que j'avais accès à « l'Esprit » des choses. Je me souviens que je comprenais télépathiquement les pensées des gens – alors qu'ils ne prononçaient aucune parole. Je me souviens de cette sagesse qui me venait de l'intérieur, spontanément. Je chantais cet élan d'amour, vaste et généreux, et mon cœur vibrait de cet amour. J'aimais le monde, et je supposais simplement que ces choses faisaient partie de la vie de tous les jours.

Enfant, je demandais à mes parents de me permettre d'aller à l'église le dimanche, mais à part la joie que je ressentais à chanter ces psaumes, cela ne me satisfaisait pas. Adolescente et jeune adulte, j'ai lu la *Bhagavad Gita*, des textes bouddhistes, des contes soufis et de nombreux récits mythologiques issus de diverses cultures, j'ai chanté bien des musiques religieuses visité des sites spirituels un peu partout : au Moyen Orient, en Europe, en Asie, et aussi en Australie - alors même que j'ignorais que ces sites étaient spirituels. Cependant, j'ai aussi connu des aspects de la vie qui m'ont entraînée dans une autre direction : l'alcool, les drogues, les relations sexuelles. C'était la fin des années soixante, soixante-dix, et le mouvement hippie avait créé une telle évolution des normes sociales que nous osions expérimenter des voies encore incomprises de nos parents. Ils ne pouvaient pas imaginer notre soif d'idéal, ils avaient été marqués dans leur jeunesse par la dépression de 1929 et la seconde guerre mondiale et étaient restés prudents et conservateurs – ce qui peut bien se comprendre.

Dans ce contexte, je n'ai pas trouvé ce que je cherchais. Histoires d'amour, carrière, science, musique, famille, amis, fêtes et idéalisme de ma jeunesse m'ont tous quittée et laissée, même si j'adore la vie, sur une indéfinissable sensation de vide. Il devait y avoir autre chose, quelque chose de plus. Donc ce jour-là, à Genève, a été un jour déterminant. Dès la toute première méditation, j'ai su que j'avais trouvé le chemin que je cherchais. J'allais satisfaire l'aspiration intérieure que je ne comprenais pas : grâce à cette dimension spirituelle, j'allais revenir à la source de la vie.

J'ai commencé un voyage, encore plein de merveilles et de transformations, qui donne à ma vie une profondeur et un sens, car il modifie ma perspective. A partir de ce jour-là, j'ai découvert un but spirituel, et ce but est devenu le centre de ma vie. Nombreux sont ceux dont ce but signifie : renoncer à la vie de tous les jours pour méditer, prier dans un monastère, un centre de méditation ou une grotte dans les montagnes, se retirer du monde extérieur. Bien des gens ont adopté cette démarche pendant des milliers d'années, devenant *yogis*, *rishis*, sœurs, moines, prêtres ou ermites. Heureusement, j'ai trouvé un guru qui, lui, prône une pratique spirituelle tout en menant une vie normale comprenant famille, travail et responsabilités humaines.

Le principe du yoga, c'est l'intégration. Le mot lui-même vient de l'ancien mot sanscrit *yug*, qui signifie relier ensemble. Dans le yoga, nous intégrons tous les aspects de notre être. En ce sens, c'est une antidote à la division des êtres humains en de multiples personnalités – phénomène très courant dans notre monde moderne, où nous sommes souvent une personne dans notre famille, une autre avec nos amis, une troisième au travail, etc.

Le yoga intègre la vie spirituelle à la vie ordinaire de ce monde. Je peux donc mener mon travail quotidien tout en ayant la conscience d'une dimension spirituelle. La vie exprime la joie car elle est la qualité de l'âme. La joie et le bonheur intérieurs deviennent un état d'être naturel. Ce n'est pas une sorte de joie extravertie, mais une sensation plus fine et plus légère.

Cela ne veut pas dire qu'il n'y a plus de problèmes ni de souffrances dans ma vie. Ce n'est pas une baguette magique qui enlèverait les hauts et les bas, si courants dans la vie. Ils font partie de la palette des expériences humaines, et nous les subissons, un peu comme la météo. Ce qui à présent diffère, c'est que lorsque je me centre, les hauts et bas, les événements extérieurs n'ont plus la même puissance, je peux vivre dans un état d'équilibre.

Ma vie est devenue de plus en plus simple et cela continue. C'est léger, et j'accepte tout ce qui m'arrive. Je vis de l'émerveillement, car le voyage spirituel recouvre de plus en plus les strates de mon existence. Je vis de l'amour et de la compassion, j'ai le sentiment d'être tendre et bienveillante envers chacun et tout. Cela va au-delà de la tendresse, c'est un état qui ne désire rien perturber dans l'univers, à moins que la Nature elle-même ne réclame le changement.

Gratitude éternelle au Bien-aimé, mon guide.

3. Du rivage à l'océan

Yohann Rosenthal (France)

Je m'appelle Yohann, je vis dans la ville de Toulouse, au sud-ouest de la France. Je suis né en 1974 et il y a maintenant 27 ans que j'ai commencé la méditation Heartfulness.

Quand un ami m'a proposé d'écrire un petit témoignage pour ce livre, je n'ai pas vraiment ressenti d'écho. Les expériences que procurent la pratique ainsi que la rencontre avec le guide spirituel et les circonstances qui y mènent touchent des strates si riches et profondes qu'en faire un résumé me semblait automatiquement réducteur. Ce serait dévoyer la notion d'absolu et cette relation au Soi.

Il y a peu, cet ami m'a relancé avec gentillesse, et quelque chose a émergé ; je ne sais pas si ce témoignage sera dans l'esprit de ce livre, mais il m'aura permis, pour la première fois de ma vie, de « coucher sur papier » un souvenir, une réflexion – et je lui en suis reconnaissant.

Il s'agit d'une anecdote, vécue il y a quelques années à Chennai, en Inde du sud. Auparavant, quand la santé de notre guide était meilleure, il lui arrivait régulièrement, après avoir accompli son travail, de venir s'asseoir, paisiblement, sur la plage de Chennai, entouré de quelques pratiquants.

Ces moments étaient très privilégiés et bon nombre de pratiquants ont pu, à cette occasion, dépasser leur timidité, leurs appréhensions, et converser - dans une ambiance familiale – avec Chariji.

Le moment de cette rencontre, vers le crépuscule, n'était jamais régulier, précis, alors que le lieu, lui, était toujours le même : la plage aux abords de la statue de Gandhi.

L'information circulait de bouche à oreille au centre de méditation, chacun réagissant à sa façon. En tout cas, certains ressentaient distinctement, au fond de leur cœur, une sorte d'invitation qui générait à son tour l'impatience fébrile, l'urgence de s'y rendre – c'est en tout cas ce que j'ai pu observer chez moi, ainsi que chez quelques-uns de mes proches.

C'était la fin d'une journée au centre, le temps s'était écoulé en méditations, lectures, repos et menues tâches domestiques, le tout dans cette étonnante chaleur moite du sud de l'Inde qui oblige à dépenser le minimum d'énergie nécessaire.

En fin d'après-midi, j'ai ressenti une envie profonde d'aller retrouver notre guide à la plage, sans pour autant savoir, le moins du monde, si un programme était prévu.

Le guide avait passé la journée dans sa maison et n'était pas paru au centre. Je me renseignai autour de moi, mais tout le monde s'accordait à dire qu'il ne se passerait rien, que c'était une journée *off*.

Je cherchais, dans le regard et les conversations avec les autres, à confirmer ce que je vivais comme une intuition ou une inspiration divine. Mais chaque rencontre amenait de plus en plus de doute et de découragement.

Je persistai à vouloir embarquer d'autres personnes avec moi et les réactions à cette invitation oscillaient entre indifférence et quasi hostilité. Mon ardeur était vécue comme envahissante.

Par dépit, je décidai alors de prendre seul un *rickshaw* (petit taxi sous forme de tricycle motorisé). Destination : l'endroit habituel des rendez-vous.

Le trajet s'est déroulé dans un état d'impatience et d irritabilité très prononcé, je me forçais, sans grand résultat, à retrouver un certain calme et une forme de détachement. J'oscillais entre la certitude absolue de faire ce qui était juste et, malheureusement, une égale conviction que j'étais stupide de croire en cette fable que je semblais me conter. Le chapelet de questions que notre ego égrène à ces moments-là tourne largement autour du thème : « Qui es-tu pour mériter une telle attention, une faveur particulière ? », et en contre point : « Il est évident que tu as droit au meilleur, n'es-tu pas un être exceptionnel ? » Bref, sur le plan des émotions, il régnait en moi une totale confusion.

Quand je suis arrivé à l'endroit habituel, j'ai marqué un temps d'arrêt, car je n'y trouvai personne : j'étais complètement démuni, ignorant si je devais attendre ou bien renoncer. Puis, mu par la rage et le désespoir, l'envie m'est venue de continuer quand même à avancer. J'allais à l'aveuglette, obéissant à cette impatience quasi douloureuse qui m'étreignait le cœur, c'est comme si un phare me guidait vers lui.

La plage de Madras est la seconde plus grande plage d'Asie : elle s'étend sur au moins 13 km. Autant dire que, rationnellement, rien ne justifiait une telle entreprise, elle paraissait impossible. Malgré tout, c'est dans un état d'urgence et en ressentant une détermination inflexible que j'ai ordonné au chauffeur d'avancer dans telle ou telle direction, puis de faire halte ici ou là, et de repartir après chaque arrêt infructueux.

Le désespoir grandissait de plus en plus en moi et j'en arrivais à me poser la question : « *Suis-je bien en train de chercher le guide* ? », ou bien : « *Est-ce que j'essaie juste de me prouver que j'ai eu raison de tenter l'aventure* ? »

Au bout d'une heure au moins de ce régime, j'abandonnai, « la mort dans l'âme » comme on dit communément. Toute velléité de réussite m'avait abandonné, je lâchais et acceptais l'échec de mon entreprise.

Je descendis alors du *rickshaw* pour me délasser et faire quelques pas, avant de repartir ; j'étais triste au-delà de toute mesure. Et là, ravissement ! Juste à côté de moi un taxi se parqua d'où descendit le guide ainsi que son unique fils, Krishna, mon aîné d'une quinzaine d'années.

Il est difficile d'exprimer au moyen de mots la puissance des sentiments que cet événement provoqua en moi. Je le vivais comme un miracle, pas les miracles tapageurs et démonstratifs, mais les miracles feutrés qui se lovent au creux d'un quotidien anonyme et que seul l'amour suscite et révèle.

Je ressentais, au plus profond de moi, que ce rendez-vous avait été planifié en dehors de mes considérations personnelles. C'était le rendez-vous de mon cœur et de son guide ou plus précisément de son propre cœur avec lui-même ; aucune de mes gesticulations ou acrobaties mentales n'avaient eu la moindre incidence sur ce qui devait être ; cela me révéla, par le petit bout de la lorgnette, un des aspects du travail du guide ainsi qu'une des attitudes pour le rejoindre, et pour y contribuer. C'est comme un cadeau inestimable que j'ai reçu cette révélation.

Le guide remarqua ma présence, comme si celle-ci allait de soi. Je suivais à une distance respectueuse, un peu gêné de m'immiscer dans un des moments d'intimité entre Chariji et son fils, moments qui devaient être assez rares.

Chariji s'installa face à l'océan et Krishna se mit face à lui. Dès que ce dernier me vit approcher, il se décala afin de me laisser sa place aux pieds du guide, et ce geste me toucha énormément. Nous restâmes ainsi, assis en silence, moi fixant les yeux du guide qui, lui, fixait l'azur de l'océan.

Au bout de quelque temps de cette douce immersion dans son regard, je me retrouvai également avec l'image de l'océan devant les yeux, et il me fallut un certain temps pour prendre conscience de la nature irrationnelle de cette expérience. Malheureusement, cette compréhension soudaine me fit sortir de cet état béni où je partageais – pour un instant – ce que les mots sont impuissants à décrire.

En réalité, lorsqu'on ressent le désir profond de trouver la porte de son cœur, au point d'en souffrir intensément, ce désir se mue, dans l'intimité de notre cœur, en une prière naturelle – tout comme un bébé qui a faim crie pour appeler sa mère. À ce moment-là, rendez-vous est pris par notre âme pour rejoindre celui qui pourra favoriser son cheminement.

Ce rendez-vous une fois vécu, toutes les circonvolutions de la vie et les émotions qu'il a suscitées sont comme, dans mon petit périple, autant d'illusions éphémères, qui au bout du chemin disparaissent. Aucune d'entre elles, agréables ou désagréables, ne devraient altérer cet instinct profond d'évolution.

Ma vie, avant de rencontrer Heartfulness, a ainsi été ponctuée par des errances et des souffrances – qui m'ont mené très près de rivages maudits. Et je pense que chacun d'entre nous en a eu sa part, à sa mesure ; c'est pour cela que je n'entrerai pas dans le détail, même si à l'époque j'ai maudit ces moments de doute et d'affliction.

Aujourd'hui je les vis comme de véritables bénédictions : elles étaient comme ces feux d'alertes qui évitent aux bateaux, perdus dans la nuit, de s'échouer sur les récifs et les amènent à rentrer à bon port.

Avec toute ma gratitude.

4. L'éveil

Alexander Khronov (Russie)

Il y a six ans, j'ai ressenti une crise dans ma vie. Les raisons de cette crise n'étaient pas très claires. Je semblais tout posséder, du moins tout ce qui est nécessaire à une « vie heureuse » : une bonne famille, de bons amis et un bon boulot dans une compagnie internationale stable. On aurait pu me demander : « De quoi d'autre as-tu besoin ? », mais je ressentais en moi une impression de vide.

Je passais l'essentiel de mes journées à rechercher des gains financiers, à développer ma carrière et à profiter, durant mon temps libre, de plaisirs sensuels. C'était ici l'attitude normale. Pourtant, inconsciemment, j'avais la nette impression que c'était une perte de temps. La vie nous a été donnée pour autre chose, pas uniquement pour accumuler des biens matériels. Ainsi, je voyais de nombreux amis devenir de plus en plus riches. Ils achetaient de nouvelles maisons, des voitures... mais véritablement, ils n'en retiraient rien.

Au fil de ma vie, j'ai connu plusieurs périodes d'éveil. Il y a vingt ans, j'ai rencontré des adeptes de l'église adventiste du 7ème jour, une branche de la religion catholique, et j'ai commencé à pratiquer. J'avais le sentiment que c'était exactement ce que je cherchais. Il y avait une sensation de lumière et de chaleur, les relations entre les gens étaient plus authentiques que dans la vie normale, mais je n'y suis pas resté longtemps. Quelque chose en moi s'est rebellé, et m'a poussé à partir.

Un autre éveil est survenu, au cours d'une randonnée en tant que touriste, en Inde et au Népal. J'ai été très impressionné par la pauvreté et la simplicité des villageois dans les montagnes du Népal. Ceux-ci vivent en grandes familles : grands-parents, parents et leurs nombreux enfants... vivent tous ensemble dans des abris, leurs conditions de vie sont très dures, mais l'atmosphère est si harmonieuse qu'on ne peut même pas l'imaginer en Occident. Nous avions un guide local, Shiva, un jeune garçon sociable aux pieds nus. Lorsqu'à la fin du voyage je l'ai payé, je lui ai demandé ce qu'il allait faire de cet argent. Il m'a répondu qu'il en donnerait la plus grande partie à ses parents, afin qu'ils puissent payer l'éducation de ses frères et sœurs, et qu'il confierait le reste à ses voisins, dont les familles étaient dans le pétrin. Je lui ai demandé pourquoi il ne gardait rien pour lui-même. Il m'a dit qu'il n'avait besoin de rien. Il allait rejoindre le départ de la randonnée, trouver d'autres touristes - il serait leur guide – gîte et nourriture lui seraient fournis.

On trouvait partout une telle attitude. Le salut népalais et indien « *Namaste* » est très différent du « *Hi* » américain. On m'a dit que « *Namaste* » signifie « Je m'incline devant la divinité en vous ». Je ne sais pas si c'est correct, mais les villageois locaux le pensent vraiment. Ce ne sont bien sûr pas des anges, mais on pouvait sentir leur amour, leur respect et leur humilité, au vrai sens du terme. On peut difficilement voir de telles choses dans le monde occidental actuel, si matérialiste. J'ai commencé à faire le bilan de ma vie. J'étais sur le point de tout plaquer pour aller vivre en Inde, pendant environ un an. Je n'avais pas une idée très claire de ce que j'allais y faire et pourquoi l'Inde. Mais je ressentais simplement que je devais y aller.

C'est à cette époque que mon ami m'a dit qu'il avait commencé à pratiquer Heartfulness. Il m'a invité à démarrer la même pratique. Après quelques hésitations, j'ai dit d'accord. Ma vie entière a alors changé de façon incroyable. J'ai rapidement perdu le désir que j'avais de tout quitter pour aller un an en Inde. Le sens de ma vie, progressivement, est revenu. J'ai rencontré le guide spirituel que je cherchais depuis toujours. Il est devenu pour moi un exemple vivant : je voudrais devenir comme lui. Maintenant, les désirs terrestres ont moins d'importance, car je réalise qu'il y a dans la vie un but plus élevé.

Je peux clairement percevoir un changement, au niveau de mon caractère et de ma condition intérieure. J'accepte plus volontiers les choses. Auparavant, j'étais souvent en colère, mais cela ne m'arrive plus. Je suis capable, dans une certaine mesure, de considérer les gens autour de moi comme mes frères et sœurs. Ne sommes-nous pas tous et toutes des créatures de Dieu ? Nous avons tous des traits de caractère et des tendances à dépasser. La seule façon de le faire est, pour moi, de diminuer mon ego et de devenir moi-même comme mon guide spirituel.

Mes compétences professionnelles se sont également améliorées. La peur, l'avidité, l'envie, l'anxiété et toutes ces tendances ont progressivement disparu. Certes, pour devenir comme lui, il reste encore beaucoup à faire. Les moments de béatitude, de tranquillité et de légèreté sont souvent suivis de temps de distraction et de désirs obsessionnels. Mais j'ai aussi appris à être patient et à les traiter comme des hôtes non invités. De tels moments me donnent seulement envie de faire ma pratique avec plus de rigueur et d'assiduité. J'essaie de changer ce que je suis afin d'arriver à ce que je dois devenir.

« *La spiritualité veut dire se réveiller. La plupart des gens, même s'ils ne le savent pas, sont endormis. Ils sont nés endormis, ils vivent endormis, ils se marient dans leur sommeil, ils élèvent leurs enfants dans leur sommeil, ils meurent dans leur sommeil sans jamais se réveiller. Ils ne comprennent jamais le charme et la beauté de cette chose que nous appelons la vie humaine.* » (Antony De Mello)

5. Tant de pleurs...Temps d'espoir !

Solange Arnoux (France)

Du plus loin que je me souvienne, je n'ai eu qu'un rêve : que tous les hommes s'aiment ! Tous ! Et quand quelquefois on me demandait de l'exprimer, immanquablement la phrase fusait : « C'est une utopie ! »

La brise venant de Méditerranée devait être douce, en ce début du mois de mars à Tunis, lorsque je suis née. L'odeur salée des embruns, celle entêtante des jasmins, les chaleurs torrides de l'été, la musique orientale, les effluves de safran, de cumin et de coriandre avaient forgé le caractère de mes jeunes parents, dans une famille où la piété était aussi naturelle que le bon pain ! Je crois que j'ai dû être contente de « venir » auprès de cette famille croyante, aimante et doucement « malmenée » par la pauvreté – mais courageuse, travailleuse et volontaire !

Mon père était passionné de football et bon danseur, mélomane et artiste, ma mère, belle comme les Italiennes (mon arrière-grand-père maternel était natif de Livourne)... avait les yeux ardents, la chevelure de Rita Hayworth dans *Gilda* et surtout était honnête, élégante et si vivante ! D'une droiture exemplaire, elle n'aura eu qu'un seul amour dans son cœur : mon père ! Voilà le contexte de ma naissance, avec en prime une arrière-grand-mère maternelle qui faisait des pèlerinages et cuisinait pour le Bey, et une grand-mère – également du côté maternel – douce et pleine de sagesse.

Tout le monde habitait ensemble ou à côté : sœurs, frères, oncles, tantes, cousins, la « smala » authentique, vibrante, tombée dans la cuisine comme Obélix dans sa potion ! Entre eux, ils parlaient un dialecte arabe, et avec moi, le français ; je comprends donc un peu le tunisien. Quant à la France, à cinq ans, elle est devenue mon pays d'adoption ! Pourtant, je n'ai aucun souvenir du bateau pour Marseille, ni du voyage vers Paris.

Un grand guide spirituel disait : « *Je veux des êtres humains au cœur oriental et à l'esprit occidental.* » (Ram Chandra, affectueusement appelé Babuji).

Le tableau est posé : toute ma vie a été une quête inconsciente de la spiritualité.

La religion tenait déjà une grande place dans cette famille où l'intellect n'était pas mis en avant. Elle réagissait avec le cœur et célébrait les grandes fêtes juives : Pessah, Yom Kippour, Souccot...

Mon père, de son côté, écoutait tous les grands chanteurs et chanteuses classiques de l'Egypte : Om Kaltoum, Abdelwab, Abdel Halim Hafiz, Farid El Atrache, Nagat Esrira... et tout le monde baignait dans cette musique orientale. Je parle de cela, car Juifs et Arabes étaient frères, et dans mon souvenir, à Tunis, les Italiens catholiques habitaient près de chez nous : Adelina était ainsi la meilleure amie de ma grand-mère, Mémé Rachel.

Je réalise aujourd'hui dans quelle ambiance fraternelle j'ai vécu, durant mes jeunes années.

Plus tard à Paris, à partir de juillet 1955, les premières années furent très difficiles. Les hivers, le froid, les efforts pour trouver un logement, un travail pour mon père... bref, la galère.

Passons et arrivons en mars 1959, le cinq exactement, où mon père, allergique à la pénicilline, a vécu un grave empoisonnement sanguin ; il mettra plusieurs années avant de s'en remettre, ce qu allait provoquer notre déménagement, de Montmartre à Belleville – près de Couronnes Ménilmontant.

Nous étions cinq enfants – trois frères et deux sœurs – soit sept personnes en tout... dans un appartement d'à peine trente mètres carrés !

Les événements se sont succédé : divorce de mes parents, départ de ma mère à Strasbourg avec Paul mon beau-père (1968), mon mariage à Paris (1969), la naissance de nos deux petites filles, notre divorce, puis mon départ en 1975 à Briançon, où j'ai vécu quatorze ans, la rencontre de mon second mari, puis la naissance d'un petit garçon en 1985.

Il est quasiment impossible de raconter les années si difficiles à Briançon, lorsque j'étais seule avec mes deux filles. Puis après la rencontre avec mon époux, que d'épreuves, d'expériences, de maladies …

Il faut dire que depuis l'âge de trois ans, j'avais une santé précaire ; fort heureusement, je me sentais protégée, comme portée par une présence divine, jour et nuit. De plus, ma foi – malgré des larmes et parfois des incertitudes – des amis fidèles, ma ténacité et surtout Sa grâce m'ont permis de « tenir le coup ». Expériences supranormales, *Near Death Experience* (NDE)… Mes parents étaient tous deux médiums, mais ils n'en faisaient pas cas et malgré certains évènements incroyables, ils ne cherchaient pas à approfondir leurs dons. Aujourd'hui, ils sont décédés et leur dire au revoir a été pour moi un arrachement. Sans doute m'ont-ils transmis un peu de leurs capacités, car de belles et étranges surprises ont jalonné ma route.

Toutes mes lectures portaient sur le domaine spirituel. Je ne cherchais pas un guide, en tout cas pas consciemment ; mais ma quête était Dieu – quelle que soit la façon dont on le nomme. Mes premières questions étaient, bien sûr : « *Pourquoi ? Pourquoi je vis ? Pourquoi des enfants meurent-ils ? On dit que Dieu est amour… pourquoi les guerres ? Quel est le sens de la vie ? Et cette planète ? Et la création ? Qui est Dieu ? Pourquoi la mort ? Où vont les personnes décédées ?* »

Toutes mes questions trouvèrent des réponses un jour de juin 1988. Suite à une grosse épreuve, j'ai appelé mon cousin Jacky, qui s'était engagé dans une voie spirituelle, la méditation HFN. On a parlé, et c'est ainsi qu'à Tourrettes-sur-Loup, j'ai rencontré un grand guide du mouvement HFN, Parthasarathi Rajagopalachari. Grâce à Lui, ma vie et mon existence ont pris un autre tournant. Enfin, j'avais le sentiment de revenir à la « maison », à la Source. Et dès le mois de juillet, je suis devenue formatrice HFN – personne habilitée, en toute humilité, à faire le « travail » du guide, c'est-à-dire à initier la méditation.

Heartfulness, présent aujourd'hui dans plus de cent-dix pays, m'a finalement apporté cette paix que la plupart des gens recherchent, et la compréhension profonde de mon être.

Pour revenir à mon itinéraire, très tôt j'ai pris conscience de ce besoin universel, et cette quête m'a amenée à découvrir, petit à petit, le sens de notre existence. Selon moi, un jour ou l'autre – qu'importe le temps que cela prend – immanquablement, l'homme répond à son besoin profond, à son appel de réaliser ce pourquoi il est « venu » sur cette planète-école : la Terre. Il n'a pas le choix !

Et seule l'expérience, une méthode concrète, technique, efficace avec l'aide d'une personne élevée ayant déjà fait le chemin, apporte cette dimension initiale, originelle qu'on cherche depuis toujours : son vrai Soi.

J'en livre ici le témoignage, car après bien des épreuves difficilement exprimables, et grâce à un guide extraordinaire, il m'a été donné de vivre une aventure magnifique, d'une ampleur infinie : le voyage vers mon être profond.

Comme Babuji le dit lui-même : « *Quand la religion s'arrête, la spiritualité commence* ».

Cela fait maintenant trente trois ans que j'ai commencé Heartfulness, et j'ai toujours la sensation de débuter. À chaque fois tout est nouveau, je conserve mon enthousiasme et un regard neuf sur les choses ... Pourtant, je sais qu'avec cette méditation le travail s'accomplit, grâce à la volonté, un minimum d'effort, l'obéissance et la confiance en celui qui nous guide.

Ma gratitude est sans limite, infinie, pour tous ces êtres porteurs d'amour, d'espoir et d'aide pour l'humanité. Et toutes les expériences qui me semblaient hier relever d'un monde « parallèle » me sont aujourd'hui dévoilées comme accessibles à tous. Une fois régulé, équilibré, le mental peut en effet ouvrir bien des portes qu'on croyait fermées.

Je dis ceci avec beaucoup d'humilité, je me sens toute petite, si fragile devant ce monde et l'univers... un grain de sable me semble encore plus grand que moi !

Néanmoins, grâce à mon guide, je suis devenue un être plus calme, plus fort, plus courageux et davantage bienveillant. Et ce sont justement ces turbulences qui m'ont permis de réaliser ce changement : être *éprouvé* n'a rien à voir avec être puni.

J'ai une vie, une famille, quelques rares amis sincères, des frères et sœurs de route et surtout un Maître spirituel qui **est** mon cœur. Il a su, sans que je le lui demande, par Sa Maîtrise, écouter tous mes besoins et pas à pas – ce n'est pas encore fini – me donner ce que je peux supporter, me renvoyer face au miroir que je suis. Comme Il le dit, il faut être à la fois « le témoin, l'objet et le résultat de l'expérience. » Son propre Maître Ram Chandra ajoute magnifiquement : « Vous êtes ce que vous cherchez ».

Certes, j'ai eu mon lot de chagrins et d'épreuves : un mélanome à l'abdomen « étrangement » pris à temps, maladies, trahisons, une enfant handicapée mais ô combien spirituelle, un mari militaire, aujourd'hui retraité – ayant sauté sur une mine anti personnel, il a échappé au pire, mais a conservé un handicap et vécu des difficultés psychologiques. Je tiens à préciser que toute ma famille, mari et enfants, ont commencé Heartfulness. Un mot me vient avant de finir : Espoir !

Puissent tous les véritables chercheurs trouver un vrai guide ! Enfin le retour à la Maison, notre main serrée à la Sienne…

6. Un pur amour

Amir Imani (Iran)

« *Pendant des années, notre cœur désirait le pouvoir de la coupe de Jamsheed et nous réclamions aux autres ce qu'elle contenait.* » (Hafez)[3]

Tout le processus de la transformation spirituelle – volontaire – commence généralement par des moments où, au-delà de notre perception habituelle du « je », nous sommes invités dans une autre dimension. Ce sont des moments d'ouverture à d'autres plans, auxquels nous faisons de moins en moins attention lorsque nous devenons adultes. Ces moments nous appellent à un niveau de conscience plus profond que nos prétendues pensées, émotions et sentiments, un niveau incluant et englobant tout cela.

C'est l'endroit à partir duquel tout jaillit à la surface de notre conscience. Il est profondément enfoui en nous et est à la source de ce que nous connaissons en tant que « je », et donc de ce que nous percevons en tant que « monde », c'est la source de l'existence en nous. Elle est toujours en nous, mais parfois, au cours de notre vie, nous en prenons conscience lorsque les solides carapaces que nous construisons autour de nous, en tant que « je » ou « moi », s'écroulent. Ce sont des étincelles du Divin. Elles nous ramènent à la source d'où nous provenons, la *rien-té* ou le vide, là où plus rien n'existe. Cela n'est pas étonnant, car en vivant vraiment cet état, nous en ressortons avec un sentiment de connexion à un Tout qui gouverne notre être. Je ne parle pas de choses étranges, mais d'expériences que nous avons tous vécues à certains moments de notre vie.

Au cours de mon enfance, entouré d'une grande famille, je me souviens de moments « nourrissants » de silence et de calme. Je m'asseyais dans mon coin favori, au pied d'une fenêtre, baigné par les rayons du soleil, et je m'absorbais dans

---

[3] Hafez était un mystique Perse et un poète né à Shiraz (Iran) aux environs de l'an 1310. La coupe de Jamsheed (*Jaam-e Jam* en Perse) est une coupe divine qui, dans la mythologie perse, a longtemps été en possession des gouvernants de la Perse antique. On disait que la coupe (*Jam*) était remplie de l'élixir d'immortalité et il y avait cette croyance selon laquelle on pouvait voir les sept paradis de l'univers en regardant dans la coupe.

la tranquillité de cet espace-temps. C'était une impression spéciale, comme si en m'asseyant et en ne faisant rien, je m'exposais à un plan différent de mon être, riche et profond. La connaissance de ce plan d'existence m'a marqué. C'est une expérience très ordinaire, mais surtout une ouverture à la profondeur de mon être.

Adolescent, lors de la maladie de ma mère, j'ai connu une autre « ouverture ». Comme je l'aimais, j'étais constamment anxieux et préoccupé par sa santé, je faisais tout pour lui rendre la vie plus facile - en particulier sur le plan des tâches ménagères. Je n'ai pas été élevé dans une famille religieuse mais à cette époque, juste avant de m'endormir, je priais spontanément à partir de mon cœur. Je n'obéissais à aucun rituel ou aucune forme, je ressentais seulement des vibrations venant de l'intérieur, avec l'intention que sa santé s'améliore. J'ai alors expérimenté la véritable nature d'un cœur aimant, connecté aux autres à un haut niveau vibratoire, un niveau inconnu de mes pensées quotidiennes.

Un peu plus tard, dans un pays étranger, lorsque j'ai échoué à mon examen d'entrée à l'université, l'image que j'avais de moi-même – le meilleur étudiant possible – a volé en éclats. J'ai été surpris par la honte que j'avais de moi-même. J'ai réalisé que j'étais instable, vulnérable et fragile et que je pouvais facilement m'écrouler. Cela a été un vrai choc pour mon ego, pourtant « jeune ». Je me rappelle cependant avoir été conscient d'une instance intérieure qui, en arrière-plan, pouvait percevoir cette dépression – malgré le sentiment que mon ego avait volé en éclat. Quelque chose à l'intérieur de moi n'était pas affecté et ne faisait que **contempler** cette comédie temporelle. Je savais que cette image brisée ne constituait pas tout mon être, mais seulement une partie de moi-même.

Quelques années plus tard, un épisode de profonde dépression et d'angoisse m'a mené au point zéro : j'étais submergé par des pensées négatives, répétitives et interminables où je ne voyais ni lumière, ni espoir. Pendant des mois, j'ai été très proche d'une partie de moi-même qui observait la folie de mon esprit, et qui n'arrivait pas à se stabiliser, submergée par des vagues de pensées et d'émotions. C'était horrible et pourtant j'ai fini par m'en libérer. J'ai été libéré de l'emprise que les pensées avaient sur moi et j'ai béni cette légèreté – retrouvée – de l'être. Cela m'a permis de prendre conscience de l'aspect transitoire du fonctionnement de mon esprit et de comprendre à quel point, si j'ignorais comment le réguler, il pouvait être destructeur. J'avais l'impression que cette dépression m'avait permis de descendre à un niveau où l'on aspire au silence de l'esprit et du cœur. J'ai donc été poussé dans les bras de « mère Nature ».

Que Dieu bénisse notre mère Nature. Je suis son ami depuis des années et je suis convaincu que la Nature a conservé la *condition originelle*, et que celle-ci n'est pas déformée par d'autres facteurs. Lorsqu'on s'abandonne à cette qualité d'être, on découvre un pur silence, l'acceptation et une sagesse immaculée. J'étais si assoiffé par tout cela que la Nature est devenue mon sanctuaire. Lui donner tout mon être a engendré de plus en plus d'ouverture, au point que par moments je me retrouvais à genoux, priant et pleurant au contact des rivières, des montagnes et du vent dans les arbres. Je priais pour la Source de toute chose, je priais pour la Vérité éternelle.

Peu de temps après, j'ai eu connaissance des enseignements de mon guru, Parthasarathi Rajagopalachari, que nous appelions Chariji. Le mot guru est utilisé pour désigner un enseignant spirituel, il signifie : « celui qui ôte l'ignorance ». Ses enseignements me convenaient, ils désignaient le cœur comme la demeure ultime de l'amour et de la vérité. Je sais maintenant, grâce aux étincelles divines de ma vie, qu'il existe en chacun de nous une instance plus grande que la vie bruyante que nous connaissons à l'extérieur. Chariji le disait aussi mais, chose plus importante, il nous disait comment y accéder, grâce à une méthode rigoureuse : méditation silencieuse du cœur, et nettoyage quotidien des impressions accumulées.

Lorsqu'en janvier 2003, je l'ai rencontré pour la première fois, j'ai passé du temps en sa compagnie et j'ai alors compris… que ma quête était terminée. Maintenant, il me reste à pratiquer : enlever les couches d'impression – préjugés, attachements, opinions et désirs – qui *recouvrent* la condition naturelle de mon cœur qui, elle, n'est qu'amour. Voilà le job : travailler pour permettre à ce qui se trouve à l'intérieur de briller et donc permettre à l'appel du cœur de prendre le contrôle de ma vie.

Après huit ans de pratique, plus ou moins d'intensité et de détermination, je me suis aperçu que le plus important est de cultiver l'amour à l'intérieur de soi et de lui permettre de se manifester, en se montrant fraternel. Nous sommes nombreux à ignorer, au départ, ces nobles idées. Nous suivons un appel intérieur et plus tard nous réalisons que les étincelles divines sont en fait des signes nous conduisant à une complète intégrité personnelle et collective. Cette intégrité se définit par une attitude d'acceptation et de compassion pour ce qui, sans arrêt, *est* et *se déploie* à l'intérieur et à l'extérieur de nous. C'est un appel à rejoindre notre demeure originelle, une condition où rien n'existe, et où cependant « tout existe » à l'intérieur de cette condition. En ressentant ce vide et le calme, on se rend compte que tout est lié à notre condition. Et que, même si nous sommes différents de forme, de couleur de peau ou autre, nous sommes tous identiques.

Nous avons pu vivre des années distrayantes, déconnectés de la source, mais nous avons pu aussi expérimenter cette unité de l'âme commune à tous les êtres... alors nous sommes mis au défi de « vivre et devenir » cette subtilité et cette compassion, acquises en nous-mêmes au fil de notre pratique. Il s'agit d'un processus de nettoyage : nous nous débarrassons de milliers de « personnages » et nous révélons la seule vraie personnalité qui apparaît à l'issue de notre pratique. C'est du pur amour.

Le vrai guru personnifie ce processus qui nous guide tous vers ce pur amour. Que tous soient bénis avec Celui qui est un.

« *Dieu s'est caché à l'intérieur et vous a exposés. Retirez-vous et exposez Dieu.* » (Lalaji)

7. Etincelle

Bruno Peyronnin (France)

Nous sommes en 2013, un 22 juillet, jour sacré en Inde car c'est le jour du *guru purnima*[4]. Charles me téléphone, me parle des conférences « Science et Spiritualité » qu'il donne en Europe, puis m'entretient d'un projet de traduction française du livre de Claire Gormley intitulé *The Divine Spark*[5]. Ce titre m'interpelle car il y a deux ans, j'ai justement composé un poème qui s'intitule « Etincelle ». J'ai eu l'occasion de le présenter à Parthasarathi Rajagopalachari, et il m'en a félicité. D'où la proposition de Charles d'inclure mon témoignage à la version française du livre de Claire.

Je me souviens de mes trente ans, je me disais : « *Il doit bien exister dans ce monde un être humain qui est Amour, mais non pas l'amour de ceci, de cela, de celle-ci, de celui-là... mais plutôt de l'amour à peu près pour tout et pour rien.* » Après un certain nombre de lectures (Gurdjieff, Khalil Gibran, Bo Yin Ra...), après de nombreux voyages autour du monde et une dizaine d'années dans une voie appelée *Tchan*, je me suis retrouvé un jour à Sanary, dans un café, assis devant un personnage haut en couleur qui m'a dit de façon laconique :

— Voilà ! J'ai un guide spirituel qui s'appelle Parthasarathi Rajagopalachari, si cela t'intéresse voilà mon numéro, rappelle-moi, je te passerai un livre concernant cette voie.

Il s'est levé et puis il est parti. Suite à cette rencontre, j'ai ressenti à la fois de la peur, et un intense sentiment de curiosité. Au final, cela fait vingt-cinq ans que je pratique Heartfulness avec comme guide spirituel cet homme qui, par son exemple, son enseignement mais surtout sa présence, nous transmet ce que j'évoquais au début : l'Amour qui se suffit à lui-même.

Voici donc ce poème :

---

[4] Festival en Inde où les disciples célèbrent leur *guru* (guide spirituel). NDE.

[5] L'étincelle divine : le livre est en cours de parution en français sous le titre *Retour vers la Lumière* (NDE).

J'ai rangé mon tiroir un soir de fièvre froide
Mais il faudra bien qu'un jour nous y mettions de l'ordre
Au risque de nous voir dépassés de désordre
Mais de quoi parle-t-on
De l'ordre qui s'impose
Ou de celui que l'on pose
Ou bien tout simplement
D'une pause accomplie
Dans le tumulte d'un mental agité
Dont la conscience a voulu se doter
Il faudra bien que naisse de grossier en subtil
Le point de ce retour.
Semblable à ces marins qui seuls dans le centre des mers
Retournent dans le port d'une attache à l'origine sûre
Où les vents de nos âmes comme un phare qui brille
Nous ramènent au foyer de l'éternel départ.

8. Le chemin direct

Octave Farra (Syrie)

La tradition raconte qu'Abraham était un géant qui vivait dans une vieille citadelle ; il possédait des chèvres, et l'une d'elles s'appelait *Chahba* Je suis né dans cette même ville en 1937, peu avant la deuxième guerre mondiale. Elle a un nom arabe et un nom français. En arabe, c'est *Halab al-Chahba*, ce qui signifie : « *Il a trait* al-chahba, *la chèvre d'*Abraham ». Les anciens racontent qu'Abraham habitait la Mecque, et que chaque matin, à l'aube, il venait traire ses chèvres dans la vieille citadelle *d'Halab al-Chahba* ; puis il retournait à la Mecque Il suffisait de trente pas au géant Abraham pour parcourir cette très longue distance. La citadelle est dans la ville d'Alep – son nom en français. Mais mon premier souvenir d'enfance, c'est le bruit des avions italiens qui venaient bombarder la ville. Mon deuxième souvenir, ce sont ces sauvages qu'on appelait les « frères Ma », dont la plupart étaient des anciens soldats de l'armée française : ils nous frappaient sans pitié, pour un oui ou un non. À la fin de la guerre et de la colonisation française, mes parents m'ont envoyé à Alep à l'école Saint-Nicolas, en principe réservée aux Grecs catholiques. Dans cette école, j'ai été impressionné par l'histoire de David et Goliath, cette histoire de l'ancien Testament qui raconte comment un faible peut écraser un fort. Un an après, je suis parti à l'école *Terre-Sainte* des Pères franciscains, où j'ai obtenu mon baccalauréat en langue arabe.

L'été, au cours des trois mois de vacances, ma mère m'envoyait chez ma grand-mère ; ainsi, elle avait la paix avec ses quatre enfants, dont l'un était particulièrement turbulent. Mes grands-parents maternels possédaient une grande bibliothèque, avec de précieuses revues en langue arabe, et des œuvres d'écrivains : des pères de la Compagnie de Jésus – comme le Père Louis Cheikho et d'autres, fameux, comme Georgi Zeidan ou Al-Yaziji.

J'aimais particulièrement lire et relire une revue remarquable, *Al-Diyaa*. Parfois je comprenais, et parfois pas du tout ; ce qui attirait le plus mon attention, c'étaient les articles qui portaient sur les soufis de l'Islam. La bibliothèque contenait en fait cinq cents livres : en arabe, latin, français et syriaque.

La pensée soufie m'a intéressé : je la trouvais plus claire, plus logique que la pensée religieuse de l'époque, qui consistait à tout apprendre par cœur sans réfléchir et sans comprendre. J'ai dû faire mon choix entre le ciel et l'enfer, entre le soufisme et la religion chrétienne qui, elle, parlait de prière, de confession, d'eucharistie : c'étaient des choses très intéressantes, mais qui ne me convainquaient pas. À la messe du matin, je passais du temps à lire l'ancien Testament, les Actes des apôtres et le nouveau Testament : ces histoires, pour moi, n'avaient ni queue ni tête. On me considérait alors comme un vrai athée. Puis le temps a passé et je suis allé à la seule université de Damas, où j'ai obtenu ma licence en droit civil et étudié, pendant quatre ans, la *charia* musulmane. Je donnais en même temps des cours particuliers à des élèves en difficulté. À l'approche de mes 26 ans, je suis parti à Beyrouth, à l'université Saint-Joseph, préparer un doctorat en sciences économiques. J'étudiais et en même temps travaillais, ce qui s'est révélé vraiment épuisant. Je me levais à six heures, déposais mon épouse à son école d'art ; puis c'était le lycée syriaque orthodoxe Saint Séverius dont j'étais le directeur ; et vers seize heures, je me rendais au lycée français pour enseigner les sciences civiques, puis repartais le soir suivre des cours à l'université. C'était très lourd, mais quand les revenus sont limités, on n'a pas le choix : il *faut* travailler.

Comme le hasard fait bien les choses, vers la fin des années 60, un dimanche après-midi, j'ai rencontré un ami d'enfance, Paul J qui m'a proposé de partir travailler à Jeddah, en Arabie Saoudite.

En effet, la masse de travail que je fournissais dans la journée, à Beyrouth, ne me laissait guère le temps de travailler mon doctorat en sciences économiques. En raison de ces difficultés, j'ai décidé d'accepter la proposition de cet ami, et me voilà promu directeur administratif d'une compagnie de voitures japonaises. La vie en Arabie Saoudite est très dure, j'ai dû m'habituer à vivre dans un pays où tout était quasiment défendu, notamment pour un non musulman. Dieu merci, je n'avais pas oublié mon amour de l'écriture, de la photographie et de la plongée sous-marine. J'ai plongé dans la mer Rouge et réalisé un livre de photographies. À part cela, en Arabie, la prière est obligatoire cinq fois par jour, et tout le monde doit aller à la mosquée. Du coup, les gens louaient une maison assez loin de la ville, afin de ne pas être dérangés à l'aube par l'appel du *muezzin*, avec ses haut-parleurs poussés à fond. Or, dans l'une des compagnies où je travaillais, le patron disait : « *Je vais à la rencontre de mon Seigneur* » ; il partait tranquillement, sans obligation, et revenait rayonnant : « *J'étais avec mon Seigneur.* » ; il était soufi, voie défendue par la religion officielle. En Arabie, j'ai également assisté à des conférences de Jean Michel Piquemal. Celui-ci parlait aussi bien de la science que de la spiritualité, et il proposait d'essayer *Heartfulness*, ce qui m'a beaucoup intéressé. J'ai fait plusieurs séances sous la guidance d'un formateur, principalement du « nettoyage », et cela m'a aidé à mieux comprendre l'être humain. Tout ce que nous faisons dans notre vie et tout ce que nous avons fait dans les vies antérieures est enregistré au cœur de nous-mêmes ; se « nettoyer » est possible, mais quelqu'un doit en porter le prix. Rien n'étant gratuit dans la nature, celui qui en paie le prix est un Maître spirituel, exactement comme l'a fait Jésus en montant sur la croix. Ce Maître le paie au prix de sa santé, de ses maladies, de sa venue sur Terre pour guider des personnes connues ou inconnues, et les amener à bonne destination – le tout gratuitement. Il les aide directement ou indirectement à gravir l'échelle de la transformation, muter, changer de conscience.

Ce que disait Jean-Michel Piquemal était logique : la vie est un mouvement continu, depuis nos sentiments de culpabilité, de haine ou d'amour jusqu'à notre relation avec l'environnement. Il m'a aidé à assimiler plusieurs notions essentielles, comme la complémentarité profonde entre la terre et le ciel. L'important est de la ressentir, ce qui n'est pas donné à tout le monde. Peut-être sommes-nous égaux face au code de la route et à la loi en général, mais nous ne le sommes absolument pas concernant notre sensibilité spirituelle et notre ouverture à l'Éternel et à l'éternité.

Au Liban, j'avais commencé par acheter et lire des livres soufis, qui m'ont appris le sens de la phrase « *al-sûrate al-mustaquime», «* le chemin direct ». J'ai pu enfin comprendre que ce chemin relie le cœur des pratiquants au cœur de leur Maître, comme un chemin relie les amoureux – tout en me demandant : quels amoureux ? Tout cela m'a aidé à comprendre que je vis dans un univers limité par ma perception des choses, autrement dit par mes capacités à comprendre et à sentir. Je voulais aller de plus en plus loin, à la limite je voulais tout comprendre. C'est peut-être très audacieux de ma part, mais la volonté de comprendre, d'aller plus loin dans ma vie est plus fort que tout. En prenant toutes les précautions possibles et imaginables, j'ai enfin rencontré ce qu'on appelle un *guru*. Mais attention, pas un guru de bas niveau, peu évolué ; dans ce cas, c'est très dangereux, tandis qu'un *guru* aux qualités spirituelles élevées est un cadeau du ciel.

Il fallait être vigilant : j'avais une famille, des enfants et une situation honorable, je ne pouvais me permettre de me trimballer avec un tambour pour louer les qualités de mon Maître. Heureusement, ce *guru* était un homme discret, habillé proprement, à l'européenne – barbe rasée, chaussures propres ; il parlait l'anglais d'Oxford, et c'était un homme à qui on avait envie de dire : « *Good morning, sir* », et la réponse fusait : « *Bonjour, comment allez-vous ?* ». À ce moment-là, j'ai vraiment compris le sens de l'expression « *Al-sûrate al-mustaquime* » : c'est le chemin le plus direct, de cœur à cœur. C'est la méthode de méditation de mon Maître, qui va directement du cœur situé au plus près du Divin, à mon cœur, moi le « trois fois rien », le « sans domicile fixe », le non croyant. Voilà qu'en un clin d'œil tout a changé ; tout était prêt à basculer, il ne manquait que ce regard profond et sincère, de cœur à cœur, – « *al-sûrate al-mustaquime* » – et ce verset correspond au chemin de ceux qui ont reçu la grâce. Un vrai Maître, c'est comme si le Divin, en chair et en os, nous approchait : c'est difficile à comprendre, mais quand nous réalisons que le monde doit être amour et que nous *vivons* cet amour, le seul choix possible est d'essayer de devenir amour.

Au bout de dix-huit années passées en Arabie Saoudite, mes enfants ont acquis l'âge d'aller à l'université. Mais à cause de la guerre au Liban, j'ai été contraint de résider en France, où je vis depuis plus de trente-trois ans. J'ai pu publier mon premier livre en langue française, *L'Islam vu par un arabe chrétien* et je termine mon second livre, *Spiritualité et Avenir*. L'avenir appartient à la spiritualité, car le temps de la religion est dépassé. J'ai bien pris conscience que l'amour est une force de transformation, et que l'amour fait des miracles.

« *Aimer est un privilège, heureux ceux qui le détiennent* » (Jacqueline Camisa)

9. Trouver mon guide spirituel

Marianne Baillon Seydoux (France)

Dès l'âge de sept ans, je me suis sentie différente des autres enfants, plutôt seule à l'intérieur, à la recherche de quelque chose que je ne pouvais pas décrire et dont je ne pouvais parler avec quiconque. Pour moi, la mort n'a jamais été un problème et la réincarnation me paraît évidente. Mon père était français et ma mère russe, j'ai donc grandi dans une famille chrétienne, à la fois protestante et orthodoxe. À l'époque, à l'intérieur de moi, j'avais l'impression d'être divisée et je pensais que c'était dû à ce double héritage.

Lorsque j'ai grandi, ce qui m'a passionnée, c'est l'aventure et les rêves quotidiens, puis l'envie d'aller explorer des endroits inconnus sur cette planète. Puis ça a été la science-fiction, la découverte de moi-même – grâce à différentes thérapies et pratiques *New Age*, et plus tard tout ce qui concernait les différentes traditions spirituelles. Mais même après mon mariage, j'ai continué à me sentir seule car mon mari ne s'intéressait pas à mes idées « étranges et fantaisistes ».

En 1963, juste avant de me marier, j'ai passé un an à Londres, pour enseigner le russe à des lycéens. Cela a été un moment formidable je découvrais des gens nouveaux et d'autres façons de penser.

Mais dès le début, ma relation avec mon mari a été un désastre. Avec un homme, ma « seconde moitié », je désirais la fusion, des aventures communes, et quelqu'un avec qui partager ma recherche et mes pensées intimes. Pour lui au contraire, le mariage était un état confortable, avec une femme agréable (que je n'étais pas car plutôt rebelle, je recherchais désespérément quelque chose que je n'arrivais pas nommer), une maison, une vie paisible avec des enfants et, à l'occasion, la possibilité de voir la famille et de partir en vacances se reposer et profiter du soleil. Mis à part mon travail, c'est dans la nature que j'ai trouvé un certain équilibre. Pour mes enfants et leurs amis, j'organisais toutes sortes de jeux, des chasses aux trésors sur les rochers et la forêt de Fontainebleau, où mes parents possédaient une maison. Plus tard, à l'aide d'un ami qui avait passé six mois dans l'entourage du Dalaï Lama, j'ai aussi revécu mes vies précédentes…

Enfin, il s'est passé quelque chose : en mars et avril 1972, alors que j'attendais mon troisième enfant, j'ai vécu des rêves extraordinaires et colorés, assortis de voyages hors du corps. Comme j'étais enceinte de sept mois, j'ai alors pensé que le bébé rêvait, qu'une vieille âme, à travers moi, s'incarnait sur terre. À cette époque, aucun de mes amis en France ne parlait de ces réalités, ils pensaient qu'à nouveau j'exprimais mon côté bizarre.

C'est à ce moment-là que mon chemin spirituel a commencé. D'abord, j'ai rencontré un professeur de yoga, de tradition tibétaine : il m'a enseigné le *hatha yoga* et nous appris à méditer et à nous nettoyer grâce à la lumière des *chakras*. Matin et soir nous faisions ces exercices, cela m'a beaucoup aidé dans ma vie de tous les jours. Pendant cette période, je me questionnais : devais-je ou non divorcer et emmener les trois enfants avec moi ? Chaque fois, la réponse était un « non » ferme et je n'avais d'autre solution que d'obéir.

Quelques années plus tard, un autre événement est survenu. Je travaillais comme responsable dans une bibliothèque, celle du dépôt légal de tous les livres publiés en France, à part ceux issus ou assimilés à la religion chrétienne. Cela comprenait tous les écrits orientaux ainsi que les écrits sur les sectes, la Bible interprétée par les groupes OVNI etc. Evidemment, je lisais énormément. Un jour, je suis tombée sur un livre qui m'a profondément interpellée. C'était *Les Maîtres de Gurdjieff* de Raphael Lefort. L'auteur, un Anglais, avait passé un an et demi à voyager de la Turquie à l'Iran et à l'Afghanistan, il voulait rencontrer les maîtres de Gurdjieff. Toutes ses questions étaient identiques aux miennes. Quant aux réponses qu'il avait trouvées après beaucoup de souffrances, elles résonnaient en moi. Finalement, il a rencontré son maître à Londres, à douze kilomètres de chez lui ! Il a finalement trouvé son chemin et s'est trouvé heureux de travailler au sein d'une fraternité.

Avec trois enfants et un job, je ne me voyais pas voyager partout dans le monde, mais Londres n'était pas loin de Paris, et j'ai décidé d'écrire à l'éditeur : son adresse était indiquée sur le livre.

Une semaine plus tard, une réponse est arrivée : « *Merci pour votre lettre. Nous ne connaissons pas l'auteur car il utilise un pseudonyme, mais voici l'adresse de sa banque et son numéro de compte. Bonne chance.* »

Plutôt intriguée, j'ai écrit une longue lettre au directeur de la banque, lui expliquant que je voulais contacter l'auteur. Un peu plus tard, j'ai reçu un petit mot : « *Si vous voulez rencontrer mon guide spirituel, allez au Troubadour, passage du Commerce, à Paris. Il y est rarement, mais essayez quand-même.* »

Ce n'était qu'à cinq minutes à pied de notre appartement ! C'était dans le Quartier Latin, je connaissais fort bien cet endroit, pour moi c'était parfait, c'était même un signe lumineux qui m'invitait à aller de l'avant. Je suis arrivée en face du magasin où un antiquaire m'a accueillie avec un grand sourire pour écouter mon histoire :

— Oui, m'a-t-il dit, il y a bien un groupe mais vous devriez d'abord rencontrer Agha, le guide spirituel. Personne ne sait quand il vient, mais continuez d'essayer.

Il ne pouvait pas m'en dire plus. Très intriguée, je suis revenue quelques jours plus tard. Il y avait une femme, mais elle non plus ne pouvait pas me renseigner.

Les semaines ont passé, j'avais autre chose à faire. Puis un jour du mois août, j'étais seule à Paris. Soudain, à la sortie de mon travail, je me suis retrouvée près de la place de l'Odéon ; j'ai alors pensé que je pourrais passer, demander. Avec un grand sourire, le même homme m'a accueillie :

— Vous êtes donc revenue et c'est jeudi.

— Oui, je suis de retour et c'est jeudi.

Je ne savais pas que c'était le jour où, dans le monde entier, se déroulaient les exercices.

— Je veux en savoir davantage sur ce guide spirituel.

Il a disparu au fond de la boutique et est revenu quelques minutes plus tard :

— Agha est arrivé hier de Londres et il repart demain. Si vous voulez dîner avec nous, ce sera avec plaisir – mais maintenant, nous avons un exercice. Venez autour de 20 h, vous pourrez le rencontrer.

Je n'avais pas encore la moindre idée des activités du groupe et de qui était Agha. Je suis repassée chez moi, laissant un mot pour dire où j'étais en cas de besoin, et suis revenue.

J'ai découvert là-bas un groupe de gens très agréables, originaires de différents pays. C'étaient des écrivains, des artistes, des musiciens, et d'autres travaillaient dans le théâtre. Chaque fois que je leurs demandais en quoi consistait leur pratique, la réponse était : « *Agha sera là après le diner, il vous le dira.* »

À 22 h, après dîner, chacun s'est assis et le groupe a raconté une longue histoire : « L'histoire de Mushkil Gusha. » Chacun, à son tour, a lu un passage dans sa propre langue, une personne traduisait pour moi. Quelque chose se passait et je pouvais le ressentir. Puis une jeune fille m'a dit qu'Agha m'attendait dans la pièce voisine. À ma grande stupeur, tout le monde m'a suivi, et s'est assis sur le sol pour écouter. Il y a eu plein de questions, je ne me souviens pas vraiment de ce qu'on a dit, mais trois mois plus tard… j'avais intégré le groupe. Je suis restée cinq ans avec eux, j'ai fait une foule de découvertes intérieures et j'ai appris ce qu'était la spiritualité. Les exercices étaient tous en lien avec le cœur, ouvrant certaines régions ou certains points grâce à l'usage des couleurs. Agha – qui s'appelait en fait Omar Ali Shah – et son frère Idriss Shah avaient pour mission de transmettre en Occident la tradition soufie, enseignant ces exercices sans se référer à l'islam. Ils faisaient partie de l'ordre soufi *Naqshbandi*, et ils m'ont suggéré de lire des livres sur ce sujet. Et afin de ne pas mélanger deux énergies différentes, ils m'ont également demandé d'arrêter tous les exercices de yoga. Cela a été une période extraordinaire. Dès que je posais une question, la réponse apparaissait : dans la rue dans une librairie, dans la bouche d'une personne inconnue rencontrée dans un bus, etc. Tout semblait se dévoiler, je n'avais jamais expérimenté cela auparavant. Quelle reconnaissance je ressens envers ce groupe et en particulier pour Agha pour tout ce que j'ai découvert à l'époque !

Cependant, cinq ans plus tard, j'ai dû quitter le groupe. J'ai compris qu'Agha n'était pas mon guide spirituel ; l'énergie que je ressentais dans ce groupe ne me correspondait pas vraiment, et je savais que quelqu'un d'autre viendrait un jour. Personne n'a tenté de me retenir. Agha m'a dit que la flamme serait toujours présente, que l'aspirant devait aller vers elle… Et il m'a souhaité bonne chance !

J'ai alors vécu une période vraiment difficile : pas de groupe, pas de guide spirituel, l'obscurité à l'intérieur de moi et de nombreux problèmes dans ma vie de famille ; celle-ci s'est rapidement dégradée. À l'époque, je me souviens que je rêvais régulièrement d'un puits dans lequel je tombais sans pouvoir m'arrêter, ses parois étaient gris-vert. Autour, il y avait des roches et chaque fois que j'essayais de m'agripper, elles entraînaient ma chute. Au-dessus, dans le lointain, je percevais le ciel bleu et la lumière. Cela semblait sans espoir et si loin… Quelqu'un m'a dit que je devrais essayer de toucher le fond, m'y arrêter, voir ce qui se passait, et ensuite donner un coup de pied pour remonter. Cela m'a pris des semaines pour y arriver, mais au final il n'y avait rien d'horrible au fond : pas de monstres, tout était calme et grisâtre. Je suis remontée et finalement j'ai retrouvé l'air libre. J'ai alors décidé que c'était le moment de m'occuper de ma vie de famille.

Ayant besoin d'une aide extérieure, je suis allé consulter un voyant – qui travaillait d'après une tradition tibétaine. Après avoir médité, il m'a dit qu'il était temps de divorcer, et que mes enfants avaient besoin d'espace, d'une vie plus équilibrée, et il a ajouté :

— Ils ne devront pas choisir entre votre mari et vous-même, ils ont besoin de vous deux.

Concernant ma vie spirituelle, il a précisé :

— Vous avez un guide spirituel, je le vois vous protéger et attendre que vous soyez prête. Il est indien.

Il m'a décrit un homme, je devais découvrir plus tard qu'il s'agissait de Babuji, dont la photo apparaît sur le livre *Mon Maître*.

— Mais comment le trouver ? Je ne connais aucun indien, je n'ai pas d'argent, ni le temps d'aller en Inde, et je n'ai pas la moindre connaissance des traditions indiennes – si ce n'est à travers les livres d'Arnaud Desjardins.

— Résolvez tous vos problèmes familiaux, appelez-le de l'intérieur et, lorsque vous serez prête, il viendra.

Trois ou quatre années ont passé.

En 1987, Jean-Pierre, mon second mari, était déjà entré dans ma vie et deux de mes enfants vivaient avec moi. Une vieille amie de Findhorn, en Ecosse, est venue séjourner quelques jours à Paris et m'a parlé d'une pratique spirituelle qu'elle avait commencée : la méditation du cœur avec un guide spirituel indien. Comme je semblais intéressée, elle a invité à dîner un ami, un formateur de cette pratique. Ouvrant le livre *Mon Maître*, j'ai reconnu la photo qui m'avait été décrite il y a quatre ans !

J'ai donc reçu mes trois séances d'introduction à la méditation HFN, Jean-Pierre a commencé la pratique un mois plus tard. Nous n'avons attendu que quelques mois avant de rencontrer Chariji, à Bonascre dans les montagnes des Pyrénées et, huit ans plus tard… Il nous a mariés au Danemark, au centre Heartfulness de Vrads Sand. J'avais peur d'un autre échec ; quant à Jean-Pierre, il craignait qu'une femme puisse l'accaparer, il avait vu les difficultés auxquelles ses parents, tout au long de leur vie maritale, avaient été confrontées.

Était-ce la fin ? Non, je pense qu'avec l'aide de notre guide, il s'agissait du début de notre vie spirituelle. Nous avons depuis pratiqué Heartfulness, et nous sommes infiniment reconnaissants d'avoir trouvé notre guide spirituel.

Je voudrais juste ajouter que la découverte du livre[6] de Lalaji, le premier guide spirituel du mouvement HFN, a été capitale pour moi ; il me confirmait que mon chemin personnel était juste. Le magnifique chapitre intitulé *Mon épouse* m'a montré qu'une vie maritale équilibrée et heureuse, loin d'être un obstacle, pouvait être compatible avec une vie spirituelle. J'ai aussi appris que le guide spirituel de Lalaji n'était autre qu'un soufi *Naqshbandi*. Aussi, j'ai toujours été reconnaissante envers Agha et n'ai jamais pu remettre en question les enseignements soufis. J'ai le sentiment, désormais, que chaque chose est à sa place.

---

[6] Il s'agit des *Œuvres complètes de Lalaji Maharaj* vol 2 (NDE).

10. L'océan intérieur et infini du cœur

Fabio Facca (Italie)

Une fois, Chariji a dit : « *La spiritualité est l'art et la science du souvenir.* »

Ces mots ont du sens pour moi, ils me ramènent à l'époque où je pouvais me voir comme un guerrier, un archéologue ou un Sioux d'Amérique du nord. J'ai ressenti ces personnalités comme faisant partie de moi, sans limitation d'espace ni de temps. Bien sûr, que cela soit vrai ou pas, ces images de mon passé ne concernent que la vie humaine.

Dans le regard aimant et illimité d'un enfant, nous pouvons lire un message spirituel. Très tôt, je me suis demandé pourquoi, à l'intérieur de moi, je me sentais misérable. Cela me ramène précisément à l'âge de six ans : en ce premier jour d'école, je quittais la maison, accompagné de mon père. J'ai senti, à ce moment-là, que je devais accomplir un *devoir* quotidien dans la vie et ça m'a vraiment effrayé. Le sentiment de vulnérabilité que je ressentais m'a forcé à porter un masque – mais chacun de nous sait cela et c'est une tragédie universelle.

Lorsque j'ai atteint l'âge de vingt ans, le fossé entre mon moi intérieur et la vie que je menais s'est révélé trop profond. Pendant presque un an, je suis resté dans ma chambre. C'était comme un cocon où je me sentais protégé, je m'y retrouvais après mon travail, et j'y passais tout mon temps libre. Et le seul moment où la petite voix à l'intérieur de ma tête s'arrêtait en même temps que mes larmes, c'était quand, dans la bibliothèque de ma mère, je me plongeais dans des lectures ésotériques. Puis mes crises d'angoisse ont diminué et j'ai été capable de marcher en ville, l'espace de quelques minutes. Et je ne pouvais pas comprendre le pourquoi de tout cela.

Lorsque j'ai lu *Autobiographie d'un yogi,* de Paramhansa Yogananda, voyant l'amour que ce disciple ressentait pour son guide, je me suis mis à pleurer. C'est à ce moment-là que j'ai ressenti l'importance d'un guide spirituel dans la vie humaine. Et comme mes parents ne me forçaient pas à aller à l'église, j'ai pu explorer la spiritualité très librement, sans dogmes ni préjugés au sujet des religions ou des philosophies.

Si vous appelez sincèrement Dieu, c'est certain qu'Il frappera à votre porte. Au bout d'un an et demi, sac au dos, je suis parti en direction de la France pour un séminaire international sur Heartfulness. Je connaissais peu de chose sur le yoga et j'étais à la recherche d'une méthode efficace qui pourrait m'aider à grandir. J'ai quitté la maison la tête pleine de questions, mais au bout d'une semaine à l'ashram, je me suis senti comme un petit enfant. L'harmonie des gens autour de moi m'a beaucoup touché. Bien sûr, j'étais seul, mais je me sentais profondément protégé et je pouvais dormir en paix. À partir du moment où j'ai commencé la pratique quotidienne, celle-ci a fait partie de ma vie.

Deux ans plus tard, mon guide spirituel s'est déplacé non loin de chez moi. J'ai eu l'occasion de le voir de près, de lui parler et de ressentir sa présence en tant qu'être humain – c'est différent d'une photo, c'est quelqu'un qui, de son regard aimant, a pu toucher mon âme. Pour moi, c'est clair que cette connexion avec un guide vivant m'offre la possibilité de me rappeler le but de ma vie. C'est comme quelqu'un qui aurait perdu la mémoire : jour après jour, les enveloppes de son passé s'effeuillent, son visage devient plus jeune, son cœur, plus tendre et son esprit, plus clair.

La méditation me permet de plonger dans l'océan intérieur et infini de mon cœur – où temps et espace n'existent pas ; elle m'ouvre la possibilité de me souvenir que je *fais partie* de cet univers. Mon devoir est là : me relier à mon cœur et me préparer au Monde lumineux.

11. Le besoin de revenir à la maison

Sheila Templeton (Ecosse)

C'était en 1993. Je vivais à Edimbourg et, après une carrière dans l'enseignement, j'avais récemment pris ma retraite. J'étais épuisée, à la limite de tomber vraiment malade ; ma mère était morte depuis un an et pour la première fois en trente ans, je me trouvais libre. Mon fils était adolescent et même si cela reste un défi pour les parents, particulièrement un parent unique, jamais depuis mon enfance je ne m'étais sentie aussi libre.

En même temps, je me sentais mal à l'aise. Pour commencer, j'étais désespérée de combler le vide. Alors je me suis immédiatement portée candidate pour un diplôme de psychothérapie, je pensais que je continuerais le travail que je faisais à l'école. Tandis que je passais les entretiens et que j'essayais de trouver ma place dans les cours, mon estomac me faisait mal. Lorsque j'observais le travail à accomplir, je souffrais, au point que j'ai dû faire quelque chose. C'était plus ou moins la première fois pour moi ! J'avais toujours traité mon corps comme mon esclave, le faisant obéir à tout ce que sa maitresse commandait.

J'ai donc finalement accepté que ce job n'était pas fait pour moi. Je n'étais pas destinée à « combler le vide » mais plutôt à m'y immerger, et à attendre.

Et en même temps, rester assise et attendre était très inconfortable. J'avais été si occupée toute ma vie d'adulte, à construire une carrière et à élever mon fils ; j'utilisais souvent une énergie qu'en réalité je ne possédais pas, et je n'avais aucune idée de comment « être » simplement. Mon corps était sans doute beaucoup plus sage, même si c'était évident que je devais me calmer et me reposer.

Très rapidement – quelques semaines après avoir réussi à me calmer – j'ai été étonnée de l'émergence de certaines intuitions. D'une part j'avais besoin d'être créative, de revenir à la poésie et à l'écriture que j'avais pratiquée dans ma jeunesse, mais d'autre part une chose manquait à ma vie.

Je ressentais une forme d'impatience, une aspiration à « revenir à la maison ». Ce besoin était très puissant et pourtant je n'avais jamais osé aller à cet endroit, à l'intérieur de moi : à l'endroit de mon cœur, à l'endroit de mon âme. À cette époque, je ne pouvais pas exprimer cette aspiration avec ces mots. Tout ce que je savais, c'est que j'avais besoin de *retourner à la maison*. Et je savais que cette « maison » n'était pas notre maison familiale. C'était un endroit à l'intérieur de moi. A part cela, je ne savais rien.

Or mon amie Liz pratiquait la méditation. Je lui ai dit :

— J'ai peut-être besoin d'une méditation quotidienne, d'un espace de contemplation, quelque chose que je ferais chaque jour. Je pense que j'ai besoin de m'engager. Pourquoi ne pas essayer la méditation sur le cœur, celle que tu pratiques ?

Voici comment j'ai commencé et j'ai simplement fait ce qu'on m'a dit. Je n'ai jamais lu de livre. La somme d'informations dont nous disposons aujourd'hui avec internet n'existait pas. Le monde Heartfulness que je connaissais se réduisait à un petit groupe de gens qui se réunissait pour méditer ensemble le mercredi soir dans le salon de Liz. Je ne pense pas que j'avais vraiment pris conscience du fait qu'il *existait* un guide spirituel vivant.

En août 1994, nous avons appris que le guide souhaitait venir en Ecosse. Nous n'avions aucune idée de ce dont nous avions besoin pour mettre en place un séminaire, mais nous étions tous pleins de bonne volonté. Doucement, joyeusement et douloureusement, avec autant de rires que de pleurs, nous avons commencé à organiser un séminaire afin d'accueillir ce guide spirituel non loin d'Edimbourg, à Bromlee.

Je voudrais pouvoir dire, comme tant de gens, que j'ai fondu en larmes en rencontrant ce guide pour la première fois. La vérité, c'est que j'ai serré la main de ce charmant gentleman Indien, si attirant, et que je n'étais occupée que par l'impression que je lui faisais ! Je suis très mal à l'aise avec ce souvenir, mais c'est la vérité. J'ai toujours été comme cela. Mon ego s'occupait tellement de tout… que j'aurais été terrifiée si j'avais eu une vision lucide de la situation. Mais cela n'a pas été le cas. Je *fonctionnais* comme cela.

Cependant, à la fin de la semaine, je me suis sentie épuisée, les choses sont devenues très différentes. Mon fils avait repris l'école et il me semblait nécessaire de rentrer à la maison chaque soir pour m'occuper de lui. Je me levais donc à 5 h, rejoignais Bromlee ; comme la méditation de groupe avait déjà commencé, je ne pouvais pas entrer dans le hall. Je titubais toute la journée sans trouver de lieu où me reposer. Je suppose que si j'avais demandé, on m'aurait proposé un lit, mais à l'époque je pensais que je pouvais tout faire moi-même, sans avoir besoin de demander de l'aide.

En réalité, ma santé n'était pas bonne. Ma thyroïde, hyperactive, me causait des douleurs, et me mettait tellement sous pression que je devenais de plus en plus malade. Quelqu'un m'a gentiment conseillé d'aller voir le guide, je l'ai regardé d'un air ahuri : « *Que pouvait-il faire ?* » Je pouvais gérer la situation comme je l'avais toujours fait.

Bref, à la fin de cette semaine, j'étais exténuée, mon cœur palpitait et je pleurais beaucoup. Finalement, très désespérée, j'ai fini par aller voir le guide. Je me rappelle que je me suis assise pour attendre, sans savoir pourquoi j'étais là, mais avec la conscience que je n'avais pas d'autre endroit où aller. Je comptais rester assise aussi longtemps qu'il le fallait jusqu'à ce qu'on me permette de le rencontrer. J'étais parvenue en face de mon propre mur, de mes résistances et, même si je ne le savais pas, je m'abandonnais.

Ce jour-là, j'ai eu de la chance de passer plusieurs heures avec le guide, de façon informelle, et parfois il a posé les yeux sur moi, avec un regard pénétrant qui a touché mon âme.

Aujourd'hui encore, j'aime penser à ce moment qui a été pour moi comme la conversion de Saint Paul sur la route de Damas. Mais je suis incapable d'en dire plus. Tout ce que je sais, c'est que mon cœur était, d'une certaine façon, soulagé. A présent, je savais ce que j'avais à faire au sujet de mes problèmes médicaux, sans même avoir besoin d'en parler avec le guide. Tout, dans ma vie, est devenu plus facile, les choix sont devenus plus clairs. Cela a donc été une transformation, mais à ce moment-là je n'en avais pas conscience. Je me suis souvent demandée comment le guide a eu la patience d'attendre quelqu'un comme moi, qui prend tellement de temps et résiste obstinément à chaque étape. C'est parce qu'il est amour, je le sais maintenant. Mon voyage avec lui a continué ainsi. Je n'avais aucune idée de ma transformation, de comment ma relation avec lui grandissait. Je l'ai rencontré la première fois en 1994. Puis je me suis trouvée en sa compagnie en 1995 et en 1996, j'ai rejoint des séminaires à Londres, au Danemark et en France.

Après chaque rencontre, mon cœur s'adoucissait : je réalisais que c'était merveilleux d'être simplement en présence de cet homme. Souvent, je m'en apercevais après la rencontre, lorsqu'après le séminaire je revenais à la maison : je voyais la différence avec la vie ordinaire, sans sa présence. Progressivement, j'ai réalisé que le guide me manquait et qu'une relation silencieuse s'établissait entre nous deux. Et je peux dire maintenant qu'elle grandissait parce que je faisais ma pratique. Au cours de ces premières années, je n'ai pas compris la profondeur de ce qu'on me donnait, les possibilités qu'on m'offrait et à quel point Chariji était un guide merveilleux. Je faisais simplement la pratique, la méditation quotidienne, je ne me posais pas de questions et je ne lisais pas grand-chose. C'est très inhabituel de ma part, car j'aime lire et j'aime les mots. Toute ma vie j'ai lu ce qui m'intéressait. Mais cette méditation quotidienne était au-delà des mots. Je ressens beaucoup de difficultés à exprimer mon voyage spirituel, intérieur, avec des mots. C'est le signe que je suis en train de vivre des choses importantes, très différentes de ce que j'ai connu dans ma vie.

Je me souviens d'une méditation que j'ai vécue en 1996. Pendant la méditation, j'ai senti mes larmes couler, mon cœur s'ouvrir et le désir de servir. Je ne savais pas comment, mais je sentais en moi la volonté de faire quelque chose, **n'importe quelle chose**. J'étais surprise car c'était la première fois que je ressentais dans mon cœur une telle gratitude.

Ma vie « réelle » a énormément changé. J'ai retrouvé mon amour de l'écriture et, progressivement, je me suis mise à écrire. J'ai rejoint des groupes d'écriture créative et une nouvelle vie a commencé, ce qui m'a conduit à publier mon travail et même travailler comme poète en résidence dans une université, ce que je fais actuellement.

Chaque relation importante pour moi grandit et devient plus profonde. Je ressens, dans ma manière d'aborder les gens, une honnêteté et une ouverture d'esprit que je n'avais jamais connues auparavant. Dans chaque aspect de ma vie, j'ai vécu une transformation. Je me sens bénie, si chanceuse d'avoir découvert cette pratique quotidienne de méditation. Je médite maintenant depuis quinze ans, et c'est là le cœur de ma vie.

12. De l'ombre à la Lumière

Patrice Rouby (France)

« *Trouver ma place dans le monde, c'est laisser la nature travailler sur moi.* » (Patrick McCormack)

Je suis né le 25 septembre 1953, dans le Tarn, au sein d'une famille de tradition chrétienne, mais non pratiquante.

Né prématuré, je suis aveugle de naissance, et d'un naturel mystique. J'ai toujours pensé que nous ne sommes pas « tout seul » dans l'univers et, de la même façon que nous correspondons par télépathie avec un ami, nous pouvons communiquer avec un être de Lumière, où qu'il soit.

À l'âge de 13 ans, lors de ma communion solennelle, j'ai ressenti la présence spirituelle de Maître Christ, mais après quelques jours, cette présence s'en est allée, ou plutôt je me suis refermé.

Quelques années plus tard, je faisais un pèlerinage à Lourdes et, dans ma prière, j'ai demandé à Marie : « *Marie, ouvre-moi les portes du Ciel, je sens que les hommes me trompent.* »

Il m'a fallu attendre de nombreuses années pour qu'enfin s'ouvre, pour moi, une relation continue avec le Divin.

Le 10 octobre 1991, à 15 heures, j'ai ressenti une piqûre au niveau du troisième œil : c'est à partir de ce moment-là que, progressivement, tout a commencé.

En 2003, j'ai démarré ma formation de Reiki, méthode que j'ai pratiquée jusqu'en 2007. À partir de ce moment-là, ma véritable relation au Divin s'est installée. C'est au travers du Royaume angélique que, petit à petit, j'ai pu atteindre les Maîtres Bouddha, Christ, ainsi que quelques autres.

En ces quelques mots, je tente de montrer ici que, même si notre mental s'y oppose, tôt ou tard le plan Divin se déploie ; notre âme est très puissante : pour elle, le temps n'existe pas.

Demandons à la Lumière de nous apprendre à nous accepter tels que nous sommes, demandons-lui aussi de nous apprendre à nous pardonner à nous-même. C'est la condition pour pouvoir pardonner à autrui.

Nous ne pouvons donner que ce que nous avons reçu : c'est là pour moi le point de départ d'une véritable évolution. Jésus a dit : « *Demandez et vous recevrez, et croyez que vous avez reçu* ». Lorsque je quitte mon domicile, j'appelle à l'aide et à chaque fois une personne m'aide dans le métro ou dans la rue. Je peux aussi demander à Daaji : « *Aide moi à avoir confiance en la transmission comme le petit enfant de trois ans a confiance en ses parents, je sais que tu m'entends et je te rends grâce.* »

En août 2014, une formatrice m'a introduit à Heartfulness et cela m'a fait beaucoup grandir. Aujourd'hui, je me sens plus calme et plus intériorisé qu'il y a sept ans. Rester dans l'inaction ne me convient plus et mon souhait actuel est de servir le mouvement Heartfulness : ce serait pour moi un moyen de m'intégrer grâce à la transmission donnée par Daaji. Son souhait est de faire connaître la méditation Heartfulness à tous les foyers du monde. Il est aujourd'hui temps que s'ouvre pour l'humanité une ère d'acceptation d'elle-même et de prise de conscience de son potentiel. Arrêtons de douter et apprenons à faire confiance à l'étincelle divine que nous avons tous en nous.

Tous les matins – tout en continuant à me reprocher tout et n'importe quoi – j'appelle la Lumière dans mon cœur, mais celle-ci ne peut y demeurer si mon cœur est rempli d'ombre.

Voilà, en résumé, ce que je pense.

13. Ma gratitude n'a pas de limite

Yvonne Doucha (Afrique du Sud)

J'ai maintenant quatre-vingt-trois ans. J'ai débuté ma quête spirituelle à l'âge de vingt-et-un ans, lorsque j'ai fait l'expérience d'anciens souvenirs issus d'un royaume d'existence dans lequel, fréquemment, je vivais enfant. Il ne s'agissait pas de mémoires mentales habituelles car j'étais vraiment transportée dans cet espace-temps et pouvais en ressentir l'expérience dans le présent. Habituellement, cela ne dure qu'un moment, mais ici cela se terminait toujours par l'émanation d'un parfum, un parfum exquis d'amour divin et la perte de ma propre identité. Je savais que je devais retrouver le chemin de ce monde d'amour et consacrer le reste de ma vie à être attentive à chaque direction spirituelle.

J'ai lu un livre intitulé *Autobiographie d'un yogi*, qui m'a incitée à écrire en Amérique à l'école Yogananda de Réalisation du Soi et à m'inscrire à un cours d'initiation à la méditation. Cette idée m'attirait et j'ai commencé la pratique de la méditation. Pendant plusieurs mois, je m'y suis tenue, me levant même à 5 h. Finalement, j'ai abandonné : c'était trop pénible de faire ces efforts sans être guidée, et sans personne avec qui partager l'expérience. Je n'ai repris la méditation que bien plus tard.

À l'âge de vingt-huit ans, j'ai rencontré un couple avec qui j'ai partagé mon goût pour la spiritualité. Ils m'ont parlé du livre *À la recherche du miraculeux* d'Ouspensky consacré aux enseignements de Gurdjieff. Au cours de mes études, j'ai lu sept fois ce livre qui a complètement influencé ma vie. Les années suivantes, j'ai lu tous les enseignements que Gurdjieff avait écrits et j'ai même essayé de mettre en pratique l'autobiographie de Gurdjieff, intitulée *Tout et rien*. Je trouve qu'il a dit des choses à la fois fascinantes et perturbantes. Sa mission de vie était de détruire l'autosatisfaction des êtres humains et de les décevoir en évoquant leurs propres limitations. Selon lui, c'était la seule condition pour qu'ils se développent intérieurement avec un « effort conscient et des souffrances intentionnelles ».

Après le massacre de Sharpeville, ce couple d'amis a quitté l'Afrique du Sud, choisissant alors la voie du Zen – et de nouveau je me suis retrouvée seule dans ma quête. À l'âge de vingt-trois ans, je me suis mariée et j'ai eu deux fils. Mon mari, très spirituel sur le plan de ses valeurs, ne souhaitait pas me rejoindre mais il m'a toujours encouragée dans ma quête.

La prochaine amie que j'ai eue, sur le plan spirituel, c'est une femme que j'ai rencontrée à l'âge de trente-huit ans, et pendant dix ans nous avons étudié tous les livres spirituels que nous trouvions. Nous avons lu, en particulier, les livres de Krishnamurti et avons passé ensemble un mois en Suisse à Saanen pour écouter ses discours. Nous apprécions aussi énormément Ramana Maharishi.

À l'âge de quarante-huit ans, j'ai pris en voiture un auto-stoppeur qui se rendait à une Ecole influencée au départ par Ouspensky. Comme je manifestais de l'intérêt, il m'a invitée à y venir. Lorsque je suis entrée, j'ai eu un fort ressenti : les valeurs spirituelles y étaient effectivement enseignées. J'ai rejoint cette Ecole et l'ai fréquentée pendant trente ans. Il y a des Ecoles similaires partout dans le monde. Celle d'Afrique du Sud se nomme maintenant Ecole de Philosophie Pratique, mais lorsque je l'ai rejointe elle s'appelait Ecole de Science Economique. C'est Leon MacLaren qui, lorsqu'il a connu les enseignements d'Ouspensky, a ouvert la première école à Londres, en 1953. Plus tard, Maharishi Mahesh Yogi lui a appris la méditation et tous les étudiants seniors de l'Ecole ont alors adopté cette pratique. En 1965, Leon McLaren a été invité à rencontrer Sa sainteté le *Shankaracharya* du Nord de l'Inde et cela a permis d'établir un lien direct entre l'Ecole et un sage authentique. Personnellement, même si je ne l'ai jamais rencontré, j'ai toujours considéré le *Shankaracharya,* comme le Maître de Leon McLaren. C'est en tout cas grâce à ce dernier et à ses livres que nous avons pu connaître les enseignements de *Shankaracharya.*

J'ai pratiqué avec attention toutes les méthodes et conseils enseignés à l'Ecole. Parmi ces pratiques, il y avait même la méditation utilisant un *mantra* tôt le matin et à nouveau le soir, et un weekend par trimestre, que je n'ai jamais manqué. Je n'ai jamais songé à quitter l'Ecole, même si je n'ai pas toujours été d'accord avec ses méthodes. Je suis très reconnaissante pour les progrès obtenus au cours de ces trente années, mais au final je me suis aperçue que je stagnais. J'avais l'impression que personne dans le groupe ne *réalisait* le Soi. On nous disait toujours que nous étions « auto-réalisés », mais en réalité je ne le ressentais pas. Par-dessus tout, je me suis demandée où était l'Amour auquel j'aspirais, celui-là même qui m'avait poussée à initier ma quête.

J'ai maintenant soixante-dix-huit ans. Mon mari et mes plus chers amis sont morts depuis quatorze ans et je ressens les effets de la vieillesse dans mon corps, en particulier un mal au dos très pénible. J'ai entendu parler, concernant ce genre de problème, des bienfaits de la technique Alexander et j'ai rencontré Nanette, enseignante Alexander et en même temps formatrice à la méditation Heartfulness. Peu de temps après notre rencontre, lorsque j'ai exprimé mes aspirations profondes, Nanette m'a parlé du guide spirituel de la méditation Heartfulness et de la grande joie qu'elle expérimentait grâce à sa transmission[7]. Elle a dit que cette méditation rendait possible la libération en éliminant les impressions du passé, cela grâce à une pratique rigoureuse. Je dois confesser que j'étais plutôt sceptique, et surtout l'idée d'un « guide spirituel » ne m'avait jamais traversé l'esprit. Mais devant le rayonnement de joie qui émanait de Nanette, j'ai décidé de pratiquer cette méditation. Qu'est-ce qui m'arrivait ? Je m'étonnais de mon propre choix, mais j'ai accepté les trois séances d'introduction ; même si je n'ai pas immédiatement quitté l'Ecole, j'ai changé ma pratique de méditation pour celle que préconisait Heartfulness.

À présent, je voudrais mentionner que je suis née dans la religion juive et que je viens juste de lire un essai, écrit par Bokser Carvalla, sur la mystique juive. Elle déclare : « *Le Maître parfait n'est pas un imposteur de la divinité. L'amour pour le Maître n'est pas de l'idolâtrie pour un être autre que Dieu. Puisqu'un véritable Maître spirituel est né du Nom divin, il incarne ce Nom. Il est ouvert à l'humanité et il est le seul endroit sur terre où la Réalité ou le pouvoir divin peuvent être perçus ou expérimentés. Il est à l'intersection entre le royaume divin et le royaume terrestre.*

---

[7] La méditation Heartfulness est soutenue par la technique yogique de transmission : l'offrande du courant le plus subtil de *prana* (force de vie) par le professeur à l'étudiant. Cela augmente le développement spirituel des étudiants, autant que l'amour de la mère aide au développement de l'enfant. La transmission est décrite comme l'utilisation de l'énergie divine pour la transformation des êtres humains.

L'énergie divine s'est concentrée et cristallisée en ce seul point afin que nous puissions le connaître. Le parfait Maître vivant est la porte par laquelle nous pouvons expérimenter le Divin. » Cette lecture m'a certainement incitée à quitter l'Ecole : j'étais maintenant davantage prête à accepter un Maître.

Les deux années qui ont suivi, j'ai respecté les différentes pratiques de Heartfulness et me suis rendue, régulièrement, aux méditations de groupe du mercredi et du dimanche. Cela me demandait des efforts et, honnêtement, je ne peux pas dire si Heartfulness me convenait. Mais j'ai franchi une étape, sans jamais ressentir le désir de revenir en arrière. J'espérais que ma foi dans cette pratique augmenterait. Malgré tout, je ressentais un certain désespoir : je commençais à percevoir une urgence. J'étais toutefois encouragée par mon formateur et stimulée par ma lecture des livres Heartfulness, mais ce qui m'a vraiment permis de changer d'attitude, c'est mon voyage de 2004 en Inde. J'ai eu la chance de rencontrer le guide spirituel, il est venu me serrer la main et m'a déclaré :

— Je suis content de vous rencontrer.

Pendant toutes ces années où j'ai étudié différents « systèmes », j'ai souvent revécu mes premières années, entre trois et onze ans, moment où j'étais poussée dans ce monde de l'amour. Ces mémoires surgissaient de façon inattendue, sans qu'aucune circonstance particulière ne puisse les expliquer, et elles ne duraient que quelques secondes, pas plus. Depuis que je pratique Heartfulness, ces mémoires apparaissent de plus en plus. Ainsi, il y a environ un an, au cours d'une méditation, je me suis retrouvée dans la maison de ma grand-mère, à l'âge de trois ans. Je pouvais voir mon entourage, cette immersion a duré environ trente minutes. Avec ma conscience d'adulte, j'étais parfaitement capable d'évaluer ce qui arrivait. Ce qui était complètement clair, c'est que je ressentais l'amour divin. Ce n'était pas seulement de l'amour humain – qui dépend de quelqu'un ou de quelque chose – et je ne ressentais aucune attente ni aucun besoin d'être aimée en retour. En fait, il n'y avait là que l'amour. Mon sens du « moi » n'existait plus et je savais à ce moment-là que *j'étais* cet amour. C'est ma véritable nature et, du reste, la nature de chacun de nous.

Je mentionne tout cela car, au cours des dernières années, j'ai ressenti, grâce au guide spirituel, les merveilleux effets de la transmission d'énergie divine. Je suis maintenant absolument convaincue qu'en aimant le guide, je peux retourner à cet amour de mon enfance. Récemment, en méditation, n'existaient que le guide et l'amour.

À présent, j'ai l'impression d'exister à nouveau en tant que « moi » et ressens la souffrance de ne plus être aimée. Je suis parfaitement consciente que, pour que cela revienne, je dépends totalement du guide. Je ne sais pas comment l'aimer, mais j'ai foi que si je continue à pratiquer avec soin – et j'ai confiance que je le ferai – cela arrivera à nouveau. Peut-être vivrai-je assez longtemps, peut-être pas, mais le guide m'a dit qu'il priait pour mon évolution spirituelle rapide. Ma gratitude envers le guide et Heartfulness sont sans limites.

14. Lune dorée, lune blanche[8].

Mokhtaria Boucif (Algérie)

J'ai ouvert les yeux pour la première fois en Algérie, à Oran, dans une petite maison, et quarante-cinq jours plus tard, me voilà en France – où ma mère a décidé de rejoindre mon père. Avant ma naissance, mes parents avaient perdu deux enfants, ma mère avait alors décidé de rendre visite à un saint homme, Sidi Kadda Mokhtar. Selon la croyance populaire, celui-ci avait la faculté d'exaucer un vœu, ma mère espérait ainsi assurer sa descendance. C'est ainsi que je suis venue au monde et, comme le veut la coutume, on m'a donné le nom de ce saint.

J'ai alors évolué dans une famille religieuse ; mes parents, même s'ils respectaient la tradition, baignaient dans l'atmosphère des rassemblements soufis. Mes grands-parents et mes ancêtres, en effet, avaient pour habitude d'organiser, dans les chaudes collines d'Algérie, de gigantesques rassemblements mêlés de *dikr* [réunion extatique] et de *hadra* [danse extatique]. Plus tard, à leur tour, mes parents ont reçu en France un grand Maître soufi, Cheikh Bouziane El Madani. Seules ma mère et moi étions habilitées à cuisiner pour lui, alors qu'il y avait parfois deux cent personnes ! Je n'ai jamais vu une telle dévotion chez mes parents.

Mes vacances se déroulaient en Algérie et ainsi, chaque été, je pouvais m'asseoir près de mon grand-père Hadj Beenchaa, *muezzine*[9] et chef du village ; dans les collines baignées de cette atmosphère sacrée, je pouvais l'écouter ou seulement dormir près de lui. Nul besoin de fermer les yeux pour être à la source, tout était là ; nous étions guidés par l'essence même et, malgré la précarité et la simplicité (ni eau, ni électricité) – la grâce coulait. Ainsi, durant toute mon enfance, chaque été je n'avais qu'une hâte : rejoindre mon grand-père dans ces montagnes sacrées.

Très jeune, j'ai été confrontée au monde invisible, et toute petite, quelques âmes – errantes ici et là – m'ont rendu visite. Mais c'est à treize ans que tout a

[8] La lune dorée désigne l'Occident et la lune blanche désigne l'Orient (NDE).
[9] Membre de la mosquée chargé de lancer l'appel à la prière (NDE).

basculé, lorsque mon chemin a croisé celui de Nora, une enfant de mon âge ; cet être peu ordinaire maitrisait la méditation alors même que personne ne la lui avait enseignée ; elle communiquait avec les mondes invisibles et, auprès d'elle, j'ai vécu de très belles expériences mystiques. C'est elle qui m'a appris à méditer ; je ne lui posais aucunes questions. J'avais le privilège d'être sa seule amie proche, et lorsqu'elle le jugeait nécessaire, elle me transmettait les informations qu'elle recevait, rien de plus.

Ma quête du Divin a toujours été pour moi une priorité absolue, même si aujourd'hui je réalise que l'ancrage dans ce monde est tout aussi important – l'un ne va pas sans l'autre. Ma quête m'a conduite à réaliser toutes sortes de pèlerinages, et d'abord à la Mecque, où j'ai pu me recueillir dans la première mosquée du monde où parvint la transmission, reçue par le prophète Mahomet ; l'endroit est désormais fermé au public. J'avais alors seize ans, puis il y a eu Lourdes et bien d'autres lieux saints... De bien belles histoires.

Et puis, enfin, ma route a croisé celle de Yohann Rosenthal, en formation professionnelle, qui m'a parlé de son guide spirituel, Chariji. J'ai alors réalisé que toutes mes démarches antérieures n'avaient été qu'un moyen d'accéder à la seconde marche. « *Je ne savais rien* », « *je n'avais rien appris.* » Je suis arrivée en trébuchant devant la perfection de cet être et je me suis dit que j'avais encore du chemin à parcourir.

Puis, quelques années plus tard, lorsque mon guide a atteint le *mahasamadhi*[10], j'ai fait la rencontre de son successeur, Daaji (Kamlesh Patel). Sa seule présence m'a propulsée dans de multiples dimensions et m'a amenée plus loin encore ! Il ressemble à un Jedi dépourvu de toute attache et, en même temps, solidement enraciné dans ce monde.

Je continue ma trajectoire, toujours libre et reliée... Quelle chance que mon âme ait été prête à rencontrer de tels êtres !

---

[10] Le *mahasamadhi* c'est lorsqu'un saint renonce à son corps et entre dans le monde lumineux.

15. Lorsque le cœur parle

Fausto Russo (Italie)

Avant l'aube

Je suis né en 1952 à Palerme, une ville du sud de l'Italie, dans une famille ordinaire et simple. Mes parents m'ont élevé dans un environnement très protecteur. D'une certaine façon, il était si protecteur qu'à l'adolescence j'ai été impatient de vivre et d'expérimenter la vie dans toutes ses dimensions. L'environnement de ma famille est rapidement devenu trop étroit, je luttais pour voler hors du nid. Je savais que quelque chose m'attendait. J'ai pratiqué le sport et, plus tard, à la fin des années soixante, comme de nombreux jeunes de mon âge, j'ai eu le goût de la politique. Mais rien n'a duré, et les circonstances m'ont poussé à aller de l'avant.

Je n'étais pas vraiment satisfait de mon expérience concernant la religion et l'Eglise. Je n'avais pas vraiment trouvé les réponses aux questions existentielles qui surgissaient dans ma conscience. J'aspirais fortement à connaître les autres, interagir et être avec eux, partout dans le monde. À nouveau, j'ai dû m'envoler. Plus tard, je me suis aperçu que cette condition intérieure était la signature d'une aspiration essentielle de l'âme. Celle-ci désire profondément connaître la dimension spirituelle et embrasser à la fois la Création et le Créateur, afin de se réunifier. Je suis sûr que cette aspiration intérieure m'a motivé pour continuer de chercher.

Comme quantité de gens à cette époque, je suis passé par une période « psychédélique », mais heureusement elle n'a pas duré ! J'ai essayé d'expérimenter une conscience plus vaste. C'était l'époque des *flower children* et, dans le monde entier, beaucoup de gens espéraient le changement et une vie différente. Mais on a prouvé que l'utilisation de drogues pour élargir la conscience est dangereuse et inadaptée. Ignorant cela, de nombreuses personnes de ma génération ont gâché leur vie : au lieu de bâtir un monde nouveau ils ont fini par se détruire, manquant de guidance et de conseils en vue d'un véritable changement intérieur. J'ai eu beaucoup de chance, abandonnant rapidement cette expérience pour évoluer vers un meilleur destin.

Vers la fin 1975, dans un jardin, je marchais avec un de mes amis et je lui parlais du sens de la vie, de l'amour... Il m'a alors révélé qu'il pratiquait une méditation yogique sous la conduite d'une femme, adepte d'un guide spirituel indien. Il m'a proposé, si j'étais intéressé, de rencontrer cette personne qui vivait à Naples. Un peu surpris qu'il ne m'en ait pas parlé plus tôt, je lui ai lancé : « *D'accord, allons-y.* » Voilà, en résumé, les circonstances qui m'ont amené aux pieds de mon guide spirituel...

Je me suis mis à pratiquer la méditation avec l'aide de cette femme, formatrice Heartfulness qui nous invitait dans sa magnifique maison située au le bord de la mer, à Posillipo. Rapidement, j'ai senti que dans mon cœur se passait quelque chose d'essentiel. Je ne pouvais pas saisir sa véritable signification, mais c'était agréable et je me sentais attiré. Ma femme aussi s'est mise à pratiquer. Nous étions habitués à tout partager, heureusement nous avons fait de même avec la spiritualité. Avec tout l'enthousiasme de la jeunesse, nous nous sommes donc lancés ensemble dans la vie spirituelle.

Une fois, nous allions à la maison du formateur pour la méditation de groupe, et dans un tournant nous avons eu un accident : j'ai perdu le contrôle de la voiture. Nous sommes allés à l'hôpital mais la visite a été courte et, malgré le choc, nous avons rejoint le groupe à l'heure. Quelle ne fut pas leur surprise de nous voir arriver, la tête bandée ! Pendant toute la méditation, j'ai eu un sévère mal de tête, mais cet épisode est resté gravé dans ma mémoire ; j'en retiens un message : persévérer afin de vaincre les obstacles. Six mois plus tard, on nous a dit que le guide spirituel venait à Rome. J'attendais avec impatience cette rencontre, elle allait changer toute ma vie. Le 1er juin 1976, nous nous sommes donc rendus à Rome, ma femme, l'ami qui m'avait parlé de cette voie et moi-même, et nous avons rencontré, pour la première fois, Ram Chandra de Shahjahanpur (Babuji).

Il était accompagné de son disciple, Parthasarathi Rajagopalachari de Madras, qui devait plus tard devenir son successeur. Lorsque nous sommes arrivés à la maison où ils résidaient, nous avons immédiatement été admis dans sa chambre. J'ai trouvé le guide assis sur son lit, quelques personnes autour de lui. Il semblait être avec nous, mais en même temps il était absorbé ailleurs. Autour de lui régnait une atmosphère de silence absolu, de tranquillité, et de profonde révérence.

On me l'a présenté et, au bout d'un moment, j'ai posé quelques questions auxquelles il a répondu, mais c'était secondaire car l'expérience la plus importante a été ce qui émanait de Lui et qui me fascinait. C'était un charme mystérieux : il agissait comme un baume sur mon cœur troublé, à la recherche de lui-même et de la vérité de la Vie. La réponse, c'était simplement sa présence, qu'une partie de moi reconnaissait profondément comme la présence du Maître de toutes mes vies.

Profondément émerveillé, j'ai eu le sentiment intense de l'avoir toujours connu. Peut-être cette intuition ne s'est-elle concrétisée qu'à ce moment-là ? Peut-être ce qui a suivi dans ma vie est-il le déploiement de ce moment éternel, le miracle de sa manifestation dans ma vie ? Mon cœur a fondu à ses pieds divins. Pendant trois jours très singuliers, j'ai été immergé dans ce merveilleux état et, finalement, au moment de repartir pour reprendre mon service militaire, à la seule pensée de me séparer de lui, j'ai fondu en larmes. En quelques phrases, il m'a consolé, puis il m'a invité à revenir le voir en Inde.

Après l'aube

L'année suivante, en 1977, ma femme et moi avons pu nous rendre à Shahjahanpur, dans l'Uttar Pradesh, région du nord de l'Inde où vivait le guide. Nous nous sommes arrangés pour y rester dix jours. Ce sont les moments les plus extraordinaires et les plus sacrés que nous ayons partagés avec lui, des moments remplis d'une béatitude indescriptible, qui ont à jamais marqué notre cœur. Nous l'avons revu plusieurs fois en Europe et ensuite, nous avons appris qu'Il avait atteint le *mahasamadhi* : ultime union avec le Divin, en ce triste jour d'avril 1983.

Physiquement, le guide est parti, mais sa présence est éternelle ; il nous a laissé Parthasarathi Rajagopalachari, son disciple bien-aimé et compagnon, pour qu'il nourrisse les graines de spiritualité qu'il a plantées dans notre cœur et qu'il nous aide à les faire grandir. Sous sa conduite et son assistance, inépuisable et affectueuse, nous continuons de voyager vers le but spirituel de la vie.

Sous la conduite d'un guide spirituel vivant, je me suis « affiné », traversant de nombreux événements intérieurs et extérieurs, ce qui a engendré des changements intérieurs continuels. Par exemple, les peurs et incertitudes que je vivais auparavant ont progressivement disparu au profit d'une absence de peur et d'une capacité à affronter la vie, pourvu d'une paix intérieure et d'un équilibre. Mes premières tendances, plutôt mystiques, se sont équilibrées, intégrant cette nécessité : accepter la vie dans sa totalité et l'assumer avec courage et foi. En réalité, cette « école » spirituelle vise à générer des personnes capables d'assumer le quotidien avec un esprit équilibré et surtout un cœur aimant, des personnes capables de travailler efficacement au plus **haut** niveau possible.

Pendant ces longues années d'association avec mon guide, j'ai aussi appris que nous devions vivre notre vie en écoutant notre cœur – un cœur purifié, fort et divinisé qui résulte de la pratique spirituelle. Le cœur est progressivement « nettoyé », et il exprime le Divin, source véritable d'inspiration, de force et de vitalité intérieures. Notre guide nous enseigne à placer notre cœur dans tout ce que nous faisons, pensons ou ressentons. Cela engendre une vraie différence dans tous les aspects de notre vie et génère sa qualité. Lorsque le cœur nous parle, lorsqu'il nous envoie ses messages, nous devons les écouter avec confiance et suivre leurs indications.

Voici d'ailleurs un des conseils de notre guide spirituel : « *Lorsque vous doutez, écoutez votre cœur.* »

Je pense que le monde a plus que jamais besoin d'une nouvelle génération, qui suivra son cœur et délaissera l'ambition matérielle, l'avidité ou l'égoïsme que l'on observe actuellement. La spiritualité aspire à créer les pionniers d'une nouvelle « race », capables de vivre dans la paix, l'amour et l'harmonie sur cette Terre tourmentée, si marquée par les conflits, la violence et les catastrophes. Cette nouvelle race chérira les valeurs humaines et spirituelles, considérant le cœur comme seule force de vie et d'évolution. Lorsqu'en effet cette voix devient de plus en plus forte, lorsque la conscience grandit et embrase progressivement tout l'univers, notre sens de la responsabilité et notre sensibilité vis-à-vis des autres grandissent également. À ce stade, l'intégrité morale de nos actes et de nos pensées doit être totale. C'est là que réside le secret de l'intégration parfaite de la vie spirituelle et de la condition humaine : nous apprenons à écouter et à nous ajuster avec notre cœur divinisé, et à ressentir la vibration sublime de la présence divine, qui nous guide au-delà des tumultes et des turbulences de la vie matérielle.

Néanmoins, nous devons conserver notre humanité, sans laquelle la vie sur Terre est impossible. Au cours de ce processus, nous devons pardonner nos erreurs. Parfois, j'ai craint que notre « humanité » puisse empêcher notre croissance spirituelle, mais j'ai appris que même si je désire l'équilibre, la perfection intérieure, la nature humaine doit être acceptée, affinée et transcendée. Un jour, j'ai eu à ce sujet une révélation. Traversant une période de doute et de manque de confiance en moi-même, j'ai demandé à mon guide :

— Comment ai-je eu la chance de vous rencontrer dans cette vie ? Je sens que je ne le mérite pas !

Il a répondu du tac au tac :

— Ce n'est pas une question de mérite, c'est une question d'appartenance.

C'est là pour moi l'expression la plus forte de l'amour divin. Pour lui, nous sommes simplement ses enfants, et non ce que nos jugements impitoyables nous suggèrent. Cette réponse m'a soulagé, souvent dans les moments difficiles je m'en souviens.

J'ai aussi réalisé que tout ce qui nous arrive est accordé à notre bien ultime. En tant que chercheurs spirituels, nous avons à accepter ce qui nous est donné de vivre, et nous abandonner aux circonstances dans lesquelles nous nous trouvons. C'est la condition pour acquérir une paix et une force intérieures. J'ai constaté qu'en acceptant les scénarios de vie issus de mon cœur, je ressens la main aidante du Divin et traverse ce que je dois vivre aussi rapidement que possible. Au lieu d'être secoué, je chemine spirituellement et mentalement, et deviens de plus en plus fort. En revanche, si je n'accepte pas les événements de la vie et me rebelle, je souffre encore plus et me sens perdu.

Avec la grâce de mon guide, j'ai été capable de vaincre les pièges, avec à chaque fois la sensation que le but était proche. Depuis que j'ai commencé Heartfulness, il y a longtemps, j'ai vécu tant d'expériences qu'il m'est impossible de décrire tous les sentiments ressentis ainsi que les changements subtils. Il nous est dit de ne pas nous arrêter et de continuer à avancer jusqu'à ce que le but soit atteint. Le but : devenir Un avec Lui, qui est notre idéal, et devenir nous-mêmes amour.

Si on devait résumer en quelques mots ce chemin spirituel, on pourrait citer ceux transmis par Lalaji Maharaj (le guide spirituel de Babuji) à son disciple : « *Aujourd'hui, je suis devenu toi et tu es devenu moi, si bien que personne ne peut dire que nous sommes différents.* »

Babuji est devenu un être parfait, totalement absorbé dans la condition intérieure de son guide spirituel, il est devenu Un avec Lui, son seul but dans la vie. Je ressens que ce qui ennoblit la vie et lui donne toute sa valeur, c'est d'avancer vers ce but ultime. La vie est vraiment une « école » dans cette fameuse vallée de joies et de larmes. Nous y faisons parfois l'expérience de la souffrance et de la douleur, parfois l'expérience de la béatitude et de l'extase, mais nous savons que l'union divine ultime nous attend à la fin du chemin.

Grâce à cette longue alliance avec un guide spirituel, j'ai vu ma foi grandir et devenir la base de ma vie. Ce guide a comblé l'aspiration que j'avais dans ma jeunesse, ce désir d'être uni avec tout, partout, et m'a donné la véritable expérience de cette condition divine et bienheureuse, située au-delà de toute compréhension.

Le voyage spirituel est infini : j'avance, je ressens des changements continus et je sais que cette merveilleuse aventure ne s'arrêtera jamais, qu'elle me révélera de plus en plus de beauté sur mon « écran intérieur ». J'ai la conviction que nous ne pouvons jamais complètement comprendre ou réaliser la grandeur du guide spirituel, même si parfois un pan du voile se soulève. Celui qui a vu, dit-on, garde la bouche close.

Cet amour consiste à donner sans rien attendre de quiconque. Je ressens que son seul vœu est que nous devenions, comme lui, des êtres aimants, aptes à transmettre et chérir la vie, et à diffuser la lumière.

Puisse l'amour nous prendre totalement et déployer la lumière qui ne meurt jamais, au moment où nous réalisons que nous sommes **un** avec le Créateur. C'est la lumière même dont le monde a sérieusement besoin pour sa survie et pour celle de la vie sur cette planète. J'espère que ceux qui liront ces lignes suivront les aspirations de leur cœur et travailleront à grandir, contribuant ainsi à leur propre progrès spirituel et à la régénération du monde. Vous ressentirez, j'en suis certain, une joie éternelle et sans limite.

16. Ma recherche de la Réalité

Charles Thomas (France)

« *La réalité est une, mais les savants en parlent de bien des façons.* » (Rigveda)

Je suis né le 9 janvier 1959 à Paris, puis deux ans plus tard mes parents sont partis habiter une maison familiale au centre d'un village de l'arrière-pays niçois, où j'ai passé toute mon enfance. Une enfance heureuse, pendant laquelle je jouais souvent dans la nature avec mon frère cadet Grégoire. Mes parents s'aimaient d'un amour romantique et chevaleresque, ils ont eu ensemble quatre garçons. J'avais une grande admiration pour mon père François Cali (1923 - 1980), écrivain depuis l'âge de quatorze ans, qui travaillait à la maison et se levait très tôt le matin. Il a écrit plus de vingt ouvrages sur l'architecture sacrée. J'avais aussi beaucoup d'affection pour ma chère maman Monique, qui s'est éteinte doucement en 2014.

J'ai rencontré Yanne en 1976 à l'université de Nice, où j'étudiais la physique sans trop savoir ce que j'allais faire de ma vie. J'ai eu un flash lors de notre première rencontre, comme si elle était mon âme jumelle. J'ai beaucoup d'affection pour elle et j'apprécie ses grandes qualités de cœur : elle m'a beaucoup aidé et cela m'a stabilisé dans la vie. Nous avons vécu quelques années ensemble avant de nous marier en 1988 ; nous avons eu deux enfants, qui nous ont apporté beaucoup de bonheur, puis la vie nous a séparés en 2016.

Ma vie a été bouleversée par plusieurs chocs émotionnels successifs. D'abord, j'ai été déstabilisé par la perte de mon père en 1980, des suites d'un cancer du poumon. Le second choc est arrivé en 1984, lorsqu'à l'âge de seize ans mon jeune frère Melchior a fugué ; depuis lors, nous ne l'avons jamais revu, mais j'ai réussi à faire le deuil de sa disparition, même si je n'ai jamais pu revoir son corps ! Le troisième choc est arrivé en 1985, lorsque mon frère Grégoire a eu une crise de schizophrénie. Aujourd'hui, il va mieux grâce aux médicaments, même s'il souffre encore beaucoup mentalement, mais je le rassure souvent en lui disant que son âme est pure.

Ces trois grands chocs ont bouleversé ma vie de jeune homme ; j'ai souvent souffert de dépression, car je vivais dans le passé et ressentais, à l'intérieur de moi, un conflit de séparation avec les êtres chers. Je n'arrivais pas à identifier la nature profonde de ce conflit, mais cela m'a poussé à prier et demander de l'aide à l'univers afin de trouver un sens à ma vie. J'ai commencé par lire l'enseignement de Jésus. À ce moment-là, mon approche était trop intellectuelle et je n'ai pas vraiment trouvé de réponse à ma souffrance. Ensuite, je suis parti au Maroc, dans un lycée de Rabat, pour enseigner les mathématiques, la physique et la chimie dans le cadre de la coopération militaire. J'ai alors rencontré l'Islam et cela a résonné chez moi, comme si je connaissais déjà cette religion. Les Marocains disaient que j'étais musulman ! Cependant, je souffrais toujours et continuais à chercher un sens à ma vie. Un jour, à Rabat, les yeux ouverts, j'ai eu une vision de Fatima, perchée au sommet d'une immense pyramide : elle me souriait et me faisait des signes de la main ! Cette vision m'a encouragé à continuer ma quête.

À mon retour en France, pendant deux ans, j'ai exercé le métier de physicien d'hôpital, puis me suis orienté vers la recherche médicale. Je cherchais peut-être des réponses au cancer de mon père et/ou à la maladie mentale de mon frère. J'ai travaillé à Paris, à l'Institut Gustave Roussy où j'ai obtenu un doctorat en radiobiologie. J'ai appris la biologie en autodidacte, dans les nombreux laboratoires de recherche où j'ai travaillé, en France et à l'étranger. Je suivais mon intuition et me contentais, sans idées préconçues, d'observer ce que la Nature me révélait. Au cours de mon doctorat, j'ai pratiqué le bouddhisme Zen sous la conduite de Fausto Taiten Guareschi, un disciple de Deshimaru. Cela m'a permis de discipliner ma vie et, grâce à la méditation, d'apprendre à lâcher-prise. Cependant, je ressentais toujours à l'intérieur de moi cette souffrance de séparation. Je suis alors parti en Angleterre, pour un séjour post doctoral de deux ans, accompagné de ma femme et de mon fils Camille. Mon désir profond, ma prière étaient de rencontrer un sage pour m'aider à trouver le sens véritable de ma vie. Ma fille Noémie est née à Oxford pendant cette période. Lorsqu'en 1991 je suis revenu en France, j'ai réussi un concours pour entrer à l'Institut National de la Santé et de la Recherche Médicale (INSERM). Nicole, une collègue de travail, m'a proposé le 30 avril 1992 d'assister à un séminaire Heartfulness à Augerans, dans le Jura. En y allant, nous nous arrêtons dans un monastère tibétain pour y rencontrer Fausto, mon Maître Zen. Nous méditons, les yeux ouverts tournés vers le sol et pendant la méditation, j'observe que Fausto me sourit plusieurs fois. Je le salue après le Zazen, il manifeste son bonheur, mais reste silencieux. Le lendemain, je suis introduit à Heartfulness !! C'est le début de mon véritable voyage spirituel, au cours duquel j'ai trouvé certaines réponses à ma recherche de la Réalité et à ma souffrance d'être séparé du Centre, Source du véritable bonheur.

Mon voyage spirituel

« *La spiritualité, c'est la science de comment devenir un avec le Créateur.* » (Chariji)

J'ai souvent assisté à des séminaires Heartfulness, en présence de Chariji. J'ai toujours été impressionné et émerveillé par cet homme et il m'a fallu plusieurs années pour l'accepter vraiment comme mon guide spirituel. Je m'aperçois que, comme avec mon père, j'éprouvais pour lui un sentiment d'admiration mêlé de crainte. Ma relation avec lui a toujours été très intérieure et je ne lui ai jamais vraiment parlé, sauf pour lui dire simplement : « *Bonjour* », « *Merci d'être venu* ». Je me souviens qu'en août 1994, je vais prendre mon petit déjeuner et soudain je vois Chariji en face de moi, qui me salue à la manière indienne en joignant les deux mains ! Il l'a fait la première fois puis, lors des autres rencontres, c'est moi qui suis venu le saluer. Lors de notre dernière rencontre, en janvier 2014 en Inde, j'ai pu lui dire – par la pensée – que je l'aimais et dans mon cœur, j'ai immédiatement ressenti Son amour.

Un jour, au début de ma pratique, j'ai rêvé que j'étais en train de porter Chariji sur mon dos ! Je n'ai jamais vraiment compris la signification de ce rêve, mais j'ai pu expérimenter l'enseignement Heartfulness grâce au service. J'étais souvent volontaire pour la cuisine, la cafétéria, les toilettes, la sécurité, etc. Un jour, j'ai entendu – à l'intérieur de moi – plusieurs fois le mot « traduction », néanmoins j'ai attendu environ un an avant de traduire, spontanément, un discours de Chariji intitulé *Servir le Maître*. Il disait que le véritable service, c'est de souhaiter devenir ce qu'Il souhaite que nous devenions. Cela me semblait mystérieux, à l'époque, mais je sais aujourd'hui qu'Il souhaitait que nous devenions amour et ouvrions notre cœur, pensant moins et ressentant plus, développant la sagesse, purifiant notre ego, changeant nos attitudes et évoluant de la conscience individuelle à la Conscience Universelle. C'est simple à dire, mais difficile à réaliser ! Travaillant en équipe pendant de nombreuses années, nous avons traduit des discours des guides du mouvement Heartfulness, ce qui nous a permis de conjuguer nos talents et de travailler sur nos caractères ! J'ai énormément appris grâce au service et suis très reconnaissant de ce cadeau, qui m'a permis de grandir spirituellement.

En décembre 2012, je me souviens être allé en Inde avec l'intention d'apprendre à aimer... Je rencontre Chariji chez lui à Gayatri et il me sourit énormément. Le lendemain, on me présente le livre *The Divine Spark*, écrit par Claire Gormley. Son histoire de transformation et de recherche de la Réalité m'a touché et, en février 2013, j'ai reçu un appel intérieur : je devais le traduire en français. Que Claire reçoive aussi ma profonde gratitude pour m'avoir permis, grâce à ce livre et pour la première fois de ma vie, de témoigner.

En 2011, on m'avait proposé de faire une présentation sur le thème « Science et Spiritualité ». Ce sujet, très vaste, a toujours intéressé, mais divisé les êtres humains. J'ai ouvert mon cœur et mis neuf mois pour préparer un exposé. À l'issue de ce processus, son plan m'a été révélé. En résumé, lorsque nous orientons notre esprit vers l'extérieur, nous avons la possibilité d'observer la réalité changeante avec nos yeux et aussi à l'aide d'instruments – les microscopes et les télescopes ne sont que des prolongements des yeux : les connaissances relatives issues de ces expériences matérielles sont nommées sciences matérielles (physique, chimie, biologie, etc.). En revanche, lorsque nous fermons les yeux et orientons notre esprit vers l'intérieur, nous avons la possibilité, à l'aide de la méditation, d'être témoins de la Réalité éternelle : les connaissances absolues issues de ces expériences spirituelles sont nommées sciences spirituelles (yoga, soufisme, mysticisme chrétien, bouddhisme, etc.). Dans l'exposé, j'ai présenté les points de divergence et de convergence entre ces deux approches de la Réalité. Même si les moyens qu'utilisent les sciences matérielles et spirituelles pour observer la Réalité sont différents, il apparaît que leur but est identique : trouver l'unicité des lois de la Nature. J'ai présenté cet exposé en France et aussi à l'étranger, en anglais. J'ai ainsi appris à partager mon expérience de la science et de la spiritualité.

J'avais toujours rêvé d'aller à Satkhol, un centre Heartfulness situé dans l'Himalaya. J'avais fait ma demande de séjour en 2002, mais n'avais jamais reçu de réponse ! En 2005, j'écoute mon cœur et décide enfin de partir en Inde avec l'intention d'aller à Satkhol, si possible avec Chariji. Auparavant, je lui avais écrit pour lui demander si mon frère Melchior était mort ou vivant, car j'avais enfoui ce traumatisme pendant vingt ans à l'intérieur sans jamais en parler ! J'ai alors rêvé de mon frère : son visage lumineux apparaissait avec un bandeau sur les yeux. Je n'ai pas compris ce rêve mais en consultant un médium en qui j'ai confiance, j'ai appris que mon frère était mort cinq ans après sa disparition, suite à de mauvaises rencontres. On m'autorise alors à suivre Chariji pendant dix jours en Inde du Nord, j'ai donc pu séjourner 24 heures à Satkhol pour assister à la méditation du dimanche, ouverte aux habitants des alentours. Ça a été le plus beau voyage de ma vie. J'ai pu vivre aux côtés d'un véritable guide spirituel, le thème du voyage étant patience, foi et amour. C'est au cours de ce voyage que j'ai pu faire le deuil de mon frère : je pleurais après toutes les méditations, alors suivies de *bhajans* (chants dévotionnels). Par la suite, j'ai pu laisser partir l'âme de mon frère vers la lumière. Maintenant, je ne souffre plus de cette séparation, ni d'être séparé de quiconque : grâce à Heartfulness, j'ai appris à être uni avec tous mes frères et mes sœurs, lorsque je me connecte à la Source de lumière dans le cœur. J'apprends maintenant à vivre à partir de cet endroit sacré où la séparation n'existe pas. Merci à la vie pour cette découverte merveilleuse !

Aujourd'hui, dans mon potager, je conduis des expériences sur l'épigénétique[11] et, parallèlement, j'écris des articles sur la science et la spiritualité, en connexion avec la méditation et la polarité Heartfulness. Cette dernière pratique, qui m'a permis d'aligner mon corps éthérique avec mon corps physique, m'aide à m'incarner et à poursuivre ma recherche de la Réalité, sous la guidance de Daaji (successeur de Chariji depuis le 20 décembre 2014).

Jésus a dit : « *Que celui qui cherche ne cesse de chercher, jusqu'à ce qu'il trouve ; et quand il aura trouvé, il sera bouleversé, et étant bouleversé, il sera émerveillé et régnera sur Tout.* » (Evangile de St Thomas)

---

[11]Science biologique selon laquelle l'environnement contrôle les gènes. Science vulgarisée par Bruce Lipton dans son livre *Biologie des croyances*.

17. Trouver la pièce manquante

Paul Lu (Etats Unis d'Amérique)

Je suis né en Chine dans une famille où la science et les faits nous gouvernaient. Papa était ingénieur, pour protéger notre pays il a pris les armes pendant la guerre. En tant qu'ingénieur militaire, il a été capable à la fois d'accomplir son devoir et de faire son métier. Maman était institutrice. Tous deux étaient tristes qu'il y ait tant de mensonges dans ce monde. Le nom qu'ils m'ont donné signifie : « respecte la vérité et travaille avec honnêteté ».

J'avais autrefois l'habitude de passer du temps à examiner tous les faits de ma vie tels que je les connaissais : ma naissance grâce à papa et maman, l'école, la famille, l'univers, etc. Tout cela avait sa place, sauf deux questions : « *Qui suis-je ?* » et « *Pourquoi suis-je ici ?* » Les réponses manquaient.

À l'âge de dix ans, j'ai économisé assez d'argent pour m'acheter un magnifique canon. Il était plus beau et plus grand que ceux de mes amis. J'ai acheté de grosses fusées et mis le feu au canon, mais l'une de ses pièces s'est envolée au loin. Quelle déception ! Le jouet était alors devenu décoratif, et c'est alors par désespoir que je me suis adressé à Dieu.

J'ai prononcé la première prière de ma vie : « *Cher Dieu, s'il vous plaît, aidez-moi à trouver la pièce manquante de mon jouet. Je croirai en vous et vous suivrai toute ma vie. Mais s'il vous plaît, dites-moi aussi qui vous êtes* ! »

La communauté chinoise respecte toutes les religions, je savais donc qu'il en existait de nombreuses. Après la prière, je suis parti chercher mon jouet. Je l'ai trouvé dans un fossé, cinq maisons plus loin, mais Dieu ne m'a jamais dit qui Il était.

Ces questions m'ont poursuivi jusqu'à la quarantaine. À l'époque, je m'étais installé aux USA, j'avais une certaine maturité, une femme et des enfants, et je menais une vie plutôt agréable. J'étais entré dans des églises, dans des temples, et je lisais la Bible aussi bien que de nombreux *sutras*. De leur côté, mes parents m'avaient élevé sans me fixer de dogme, ils m'avaient transmis tout leur amour et la société m'avait donné le reste. J'aimais la liberté de pensée, mais je n'avais jamais trouvé réponse à mes questions.

Par la suite, quelques amis m'ont invité à pratiquer le Tai Chi Chuan, et j'ai bien progressé.

Lorsque mon père est mort, un ami m'a introduit au monde du Bouddha. J'ai beaucoup appris, et approfondi cette vision du monde. J'ai vraiment apprécié la lecture de certains livres et respecté cette philosophie, mais je ne suis pas devenu bouddhiste.

Lorsque l'économie mondiale a connu une crise, tout mon environnement aux USA a été secoué. J'ai finalement perdu mon emploi car la compagnie, pour réduire le coût du travail, s'est délocalisée en Inde. Pendant les trois ans où j'ai lutté, en vain, pour sauver mon emploi, j'ai connu des problèmes de santé. Le Taï Chi chinois m'a aidé. Avec un calme exceptionnel, j'ai résisté aux tentatives de ma hiérarchie de me mettre à la porte.

Au cours de cette période, j'ai rencontré Wan-Ting, un émigrant chinois. Nous nous sommes rencontrés dans une station de métro et à plusieurs reprises, pendant plusieurs semaines, nous avons échangé. Nous avions un point commun : nous recherchions tous deux la vérité de la vie. Il m'a dit qu'il avait trouvé une mission indienne, promettant une voie spirituelle efficace, il était en train de l'essayer.

J'ai finalement perdu mon job et décidé de monter ma propre boîte, en suivant mon cœur. J'ai lutté pour faire prospérer cette affaire, petite et modeste. Aux environs du nouvel an chinois en février 2007, j'ai reçu un coup de fil de Jade, une amie, et elle m'a donné le téléphone de Wan-Ting. Il se trouve que lors de ma méditation de la nuit précédente, j'avais ressenti une force nouvelle qui me tirait vers le centre du thorax. Je ne savais pas ce que c'était, mais maintenant je le sais.

Wan-Ting n'a pas perdu de temps, il m'a introduit à Heartfulness. Chaque samedi, j'allais ainsi chez lui pour une séance de méditation, et c'était là le « point fort » de ma semaine.

Puis, au mois d'octobre, je suis allé à Dubaï pour rendre visite au guide spirituel, que j'ai rencontré un magnifique matin d'automne.

J'ai suivi Wan-Ting, me suis approché du guide et j'ai posé la question essentielle de ma vie :

— Qui suis-je et pourquoi suis-je ici ?

Sa réponse a été simple et directe :

— Tu es ce que tu es. Tu es là où est ton cœur !

Je me suis assis, comme si j'étais assis sur les genoux de mon grand-père et j'ai goûté à l'amour et à la sagesse qui émanaient de lui. Depuis lors, cela s'est toujours déroulé ainsi à chaque fois que je l'ai rencontré.

Cette voie spirituelle a donné plus de sens à ma vie agitée.

En septembre 2008, j'ai accompagné le guide spirituel qui apportait son amour en Chine. Cela a été le plus beau voyage de ma vie !

J'ai trouvé les réponses à mes questions. Après avoir étudié et communiqué avec les autres, je sais que j'ai trouvé la place où je peux réaliser Dieu. Je n'en suis pas encore là, mais je sais que je suis en de bonnes mains. J'aspire à trouver et vérifier la vérité de la vie.

C'est tout ce que je souhaite. Une fois que j'y serai arrivé, je voudrais le partager avec les autres. Merci au guide spirituel : je vois qu'il y a une lumière au bout du tunnel.

18. Une intuition… et un long chemin

Bernard Clément (France)

Pour autant que je m'en souvienne, j'ai toujours été un « poseur de questions ». Par ailleurs, je me souviens d'une photo de moi : le jour de ma communion privée, je suis habillé d'une belle aube blanche et environné de mes « pigeons blancs », je leur lance du grain – avec le beau geste du semeur, et le soleil en plus.

Je suis né en 1958 à Dinard, au bord de la mer, en Bretagne nord, dans une famille catholique. Pas de problème particulier, sauf qu'au moment de l'adolescence, tandis que je commence sérieusement à réfléchir et remettre en cause les croyances religieuses familiales, Maman m'oblige à me rendre chaque dimanche à la messe… « *Jusqu'au bac* », dit-elle ! Cette contrainte, vécue à contre cœur, m'a éloigné de la religion chrétienne. Parallèlement, je me passionne pour la sagesse orientale : lecture du *Pèlerinage aux sources*, de Lanza del Vasto (1943), où celui-ci raconte son voyage en Inde, à pied, jusqu'aux sources du Gange, puis son séjour chez Gandhi ; conférence sur la méditation et la méthode de *guru* Maharaji puis, le lendemain, rencontre d'un méditant. Finalement, quelques années plus tard à l'âge de vingt ans, je découvre la pratique de la méditation à l'Arche de Lanza del Vasto (dans le Larzac), puis surtout vis une session zen de dix jours auprès de Maître Deshimaru. Session décapante – six heures de méditation par jour – silence la majeure partie du temps, nourriture sobre… J'en suis ressorti différent, beaucoup plus centré, détaché de tout… Il m'a fallu du temps pour « raccrocher » avec ma vie d'étudiant à Paris, à l'ENS, dans le quartier Latin. De là date aussi l'envie de « partir en Inde », envie que je n'ai concrétisée que beaucoup plus tard.

Pendant quelques années, j'ai pratiqué la méditation zen en solo. Puis, après six années d'enseignement des lettres et de « tourisme » en Afrique, j'ai à nouveau renoué avec la recherche intérieure en m'inscrivant à plusieurs stages de développement personnel « Personnalité et Relation Humaine » (PRH). J'y panse en partie mes blessures, et redécouvre concrètement la présence du divin, à travers le sentiment d'émerveillement que je ressens devant la nature. Lors de l'un de ces stages, je rencontre ma première femme, et ensemble nous allons pratiquer la méditation, de façon libre, et approfondir la spiritualité. Parallèlement, je vois régulièrement un moine bénédictin que j'avais rencontré lors d'une retraite en terminale.

Quelques années après, divorce, transition, puis je rencontre ma deuxième femme, d'origine africaine, et c'est la joie d'une vie de famille – avec sa première fille, et bientôt celle qui va naître. Mon frère me parle de Heartfulness, qu'il vient de découvrir, et me propose de rencontrer des pratiquants qui habitent non loin de chez moi. Chez eux, je « tilte » sur un poster représentant Babuji – vraiment l'image d'un sage indien – j'apprécie ces nouvelles relations et commence à méditer avec eux. À l'époque, j'attends aussi de cette pratique l'apaisement d'un symptôme : je sens régulièrement ma gorge nouée.

Commence alors un temps d'épreuve et d'enracinement, des années de tempête. Dès que je parle de « Master », le guide spirituel indien, mon épouse s'inquiète et pense qu'il s'agit d'une secte (cf. la définition de ce mot dans le glossaire). C'est alors une époque – dans les années 2000 – où les autorités françaises font la « chasse aux sorcières ». Une fois, je me rends à un séminaire en Suisse, mais Chariji a délégué son fils. Une autre fois, à Paris, à la Mutualité, pour la première fois je l'aperçois. L'attendant dehors, afin de le voir rentrer, je le retrouve dedans, je me demande par où il est passé ! Nos méditations du dimanche, en groupe, sont bien agréables, également nos week-ends, un par mois, où l'on se retrouve à une dizaine, chez l'un ou l'autre. Ce sont à la fois des temps de méditation, et des temps conviviaux, de partage.

Il se trouve que ma femme demande alors le divorce, et utilise l'argument de la secte. Je passe les péripéties, mais au bout d'un moment, je fais front, j'assume... et perds. Une enquête sociale est diligentée : pendant un an je ne vois plus ma fille qu'un samedi tous les quinze jours. Puis je recouvre mes droits, mais officiellement j'ai dû quitter le groupe. En réalité, je continue mais la période est difficile sur le plan affectif, et cette pratique incarne à la fois un soutien et aussi une épreuve qui teste ma confiance. Une nuit, la veille de partir une dizaine de jours marcher sur les chemins de Saint-Jacques, je rêve que Chariji me vend le billet du départ. C'est une grande joie, c'est la première fois que je rêve de lui, et la scène est symbolique.

Passons à la « vraie » rencontre. Une année, je vais une quinzaine de jours en Inde, à l'occasion d'un séminaire Heartfulness à Tiruppur et là, de retour au centre de méditation, j'ai l'occasion de le rencontrer. C'est un grand moment. On est plusieurs à venir le saluer, deux par deux, et quand je me retrouve – enfin ! – face à lui, après toutes ces années à entendre parler de lui… je me mets à rire ! C'est plus fort que moi. Dans mon esprit, je pense : « *Ah ! Enfin je te trouve, enfin je suis face à toi… quel bonheur !* ». Lui aussi rit, je suis sûr qu'il a saisi mon état d'esprit. C'est comme si, après tant d'années de recherche et d'efforts tant d'épreuves aussi, j'étais enfin en présence du guide spirituel que je cherchais depuis si longtemps. Un peu aussi comme si je retrouvais une vieille connaissance ! Quelques jours après, je serai malade : trop de méditation, saturation, nettoyage ?

Mais c'est surtout 2010, l'année charnière, où je prends un congé sans solde par rapport à mon métier d'enseignant, et décide de réaliser enfin mon rêve : partir seul en Inde et suivre quelques étapes le long du Gange. M'immerger, réaliser mon fameux rêve d'adolescent, à la rencontre de la fameuse « sagesse » indienne. Je passe une belle semaine à Dharamsala, dans le village bouddhiste construit autour du temple du Dalaï Lama. Poursuivant mon chemin – Rishikesch, Haridwar, Bénarès… – je m'aperçois que tous les rituels hindouistes que j'observe ne me touchent pas, je les trouve trop «extérieurs». À Bénarès, j'ai la joie de me baigner dans le Gange, mais me rends compte qu'en fait, j'ai déjà trouvé ma voie : Heartfulness et Chariji. C'est la confirmation dont j'avais besoin. Je passe un mois au centre Heartfulness de Chennai, j'ai vraiment le temps de me poser, de m'imprégner de l'ambiance, de m'immerger, de méditer… Je cherche à rencontrer le guide, je veux jouer de la flûte pour lui, ce sera possible le dernier jour de mon séjour – à la suite de notre prestation, il invite les musiciens dans son cottage. C'est à chaque fois une joie et un honneur de l'approcher, même si on me conseille d'intérioriser sa présence, je me sens comme un « groupie » !

Je le reverrai encore l'année suivante, je reviens en Inde et passe une quinzaine de jours avec ma compagne – rencontrée l'année précédente dans ce même centre Heartfulness. Quel bonheur d'être avec quelqu'un qui comprend, et même partage ma démarche et ma pratique spirituelles !... Je veux à nouveau *jouer* pour lui, j'ai apporté ma flûte traversière, là aussi ce sera possible le dernier jour, je suis invité à jouer, en solo, au cottage, un petit groupe de pratiquants a également été convié. Je jubile, c'est un tel honneur pour moi et une telle joie de jouer, d'improviser pour Chariji ! Compliment suprême : il me dit : « *You are a musician* ».

Au final, que m'apporte Heartfulness depuis 2002 ? Cela fait aujourd'hui dix neuf ans ans, la maturité n'est-ce pas ? Plus sérieusement, cette pratique me permet de me poser, faire grandir ma confiance dans la vie, accepter et vivre tout ce qui m'arrive, développer l'accueil de l'autre et gérer mes émotions. Dans le même sens, je lis aussi chaque matin une page de *La petite voix*, d'Eileen Caddy (1989), qui m'inspire pour la journée.

Aujourd'hui, j'ai pris quelque distance avec le groupe, il me semble que j'ai besoin d'autre chose, mais dès que j'en ressens le besoin, je reviens au « *cleaning* » (nettoyage cf. annexe 3) ou à la méditation. Et Chariji – auquel Daaji a succédé – demeure toujours une référence pour moi, un secours en cas de besoin. Que Dieu prolonge sa grâce ! Et qu'il reçoive ma gratitude.

19. Découvrir le Cœur de mon cœur

José Ademir Agudo (Colombie)

« Là où existe une volonté, existe un chemin. »

Tout a démarré face à la mer. Nous étions en vacances avec ma famille à Cartagena, en Colombie et, ce matin-là, je me suis réveillé tôt car je ne pouvais plus du tout dormir. Pendant la nuit, j'avais décidé qu'à l'aube j'irais m'asseoir face à la mer, sur la plage, dans un endroit isolé. Je voulais, en effet, trouver une solution à ma confusion et prendre des décisions pour résoudre, une bonne fois pour toute, le chaos qu'était devenu ma vie. Pendant que ma femme, ma mère et mes deux petites filles dormaient, je suis sorti, en silence, à la recherche d'un endroit isolé afin d'affronter mon combat intérieur. Je me suis assis sur un rocher, près des vagues. La mer, immense, m'entourait et les vagues tourbillonnaient, comme mon esprit. Pendant des années, je n'avais jamais trouvé le calme. J'étais captivé par le tourbillon de la vie et dominé par les passions et le plaisir. À cette époque, ma relation conjugale était en crise et ma situation financière si catastrophique qu'elle mettait en danger la stabilité de toute la famille.

Je suis resté assis pendant des heures, jusqu'à ce que le soleil soit haut au-dessus de l'horizon. À l'époque, j'avais trente-sept ans ; j'avais gaspillé mon énergie et mes meilleures années et j'étais conscient que je devais, à présent, redonner du sens à ma vie. Je ne pouvais plus supporter le vide et la nausée, ni entretenir l'égoïsme qui avait tant blessé ma famille et moi-même.

Je me suis levé, avec en tête un plan pour résoudre mes problèmes financiers, relationnels et de comportement. Au moment où ciel et mer ont fusionné en une étreinte bleutée, j'ai eu le sentiment d'être réconcilié, unifié. Il restait cependant un aspect fondamental. Au-delà des péripéties de ma vie, depuis toujours je ressentais une aspiration spirituelle, qui s'exprimait par l'art et la poésie ; cette flamme était vivante et c'était la part la plus authentique de ma vie. Au fil du temps, intellectualisme et pédanterie m'avaient fait perdre toute sensibilité. J'ai donc décidé que mon véritable but dans la vie serait le suivant : amplifier cette flamme, grandir humainement et spirituellement. Mais deux ans après, j'hésitais toujours entre ma vie décousue et le moyen de concrétiser la décision prise au bord de la mer.

***« Lorsque le disciple est prêt, le Maître frappe à la porte.* »**[12]

L'idée de rechercher un guide spirituel est stimulante, mais étrange. C'était la réponse à un besoin intérieur, à la recherche d'une lumière qui puisse me guider au milieu de toute cette confusion. Je ressentais dans mon cœur le désir de rencontrer un véritable guide, mais aussi un doute : comment le trouver dans un monde si superficiel, si matériel ? Dans ma jeunesse, Don Juan Matus (le shaman des livres de Carlos Castaneda) représentait une sorte de maître romantique, ésotérique et puéril. Après ma décision, j'ai essayé le *hatha yoga,* le bouddhisme zen, le tai shi et le *yagé* (boisson psychotrope amazonienne). À chaque fois, je coopérais avec différents guides, mais même si les expériences étaient positives, les relations que je nouais avec eux étaient plutôt superficielles et, au bout de quelques mois, je reprenais avec plus de force mes anciens défauts, et ma vie de plus en plus chaotique.

Puis une amie m'a parlé de Heartfulness. Elle m'a dit qu'en ville existait un petit groupe, qui pratiquait sous la direction d'une formatrice. Elle parlait de méditation centrée sur le cœur. Avec l'arrogance de l'ignorant, cela me semblait trop facile. Autant j'étais impressionné par la rigueur de certaines postures – celle de zazen ou bien le lotus du *hatha yoga* – autant je pensais que méditer sans cette rigueur était un signe de faiblesse.

Deux mois se sont écoulés. Un samedi soir, alors que j'étais chez une amie, celle-ci m'a présenté Gabriel Castro, le formateur local de Heartfulness, à Neiva. Nous avons bavardé un moment à propos de la méditation, sujet que je pensais bien connaître en raison de multiples lectures. Gabriel, sans trop prêter d'attention à mes opinions, a coupé court en disant qu'il n'était pas nécessaire d'en savoir trop : ce qui comptait était de pratiquer avec discipline et persévérance. Un peu dépité, je lui ai dit que je désirais essayer la méditation le lendemain matin.

---

[12] Proverbe commun à de nombreuses traditions spirituelles, par exemple le yoga, le bouddhisme zen, le soufisme.

Je devais – m'a-t-il prévenu – effectuer trois séances d'introduction avec lui, ce qui a retenu mon attention car c'était la première fois que je vivais cela. Je lui ai demandé ce que cela signifiait, il m'a répondu : « *C'est pour entrer en contact avec le guide.* »

À ce moment-là, je n'ai pas accordé d'importance à ce détail. Au cours des trois jours suivants, nous avons pratiqué à chaque fois une demi-heure, j'ai alors été prêt à commencer la méditation.

Essayez d'être ce que vous devez être.

Une fois que j'ai commencé Heartfulness, j'ai été impressionné par sa simplicité. Nous la pratiquons sans rituels, sans parfums, sans récipients, sans positions particulières, sans temples, et la pratique comprend deux éléments principaux : la méditation et le nettoyage des impressions passées. Cependant, il ne faut pas confondre « simple » et « facile ». Cela demande une volonté ferme et une discipline. C'est une formation spirituelle, mais pas une religion. C'est pratique, simple et accessible à tous, sans distinction de race, de croyances ou de statut social. J'ai trouvé cela souple, adapté à ma vie quotidienne, mais avant tout très précis et très clair : ce que je cherche se trouve au plus profond de mon cœur, et non au sein des religions, des sectes, des livres ou de la métaphysique. De fait, la connexion que j'aie eue avec la pratique a été immédiate. Je me souviens qu'au cours de la première séance, j'ai ressenti quelque chose de définitif, quelque chose qui changeait le cœur de mon être. Je ne savais pas ce que c'était, comment c'était arrivé, mais cet effet m'a comblé et stimulé, suscitant enthousiasme et détermination. Intuitivement, j'ai compris qu'il ne s'agissait pas, comme je le pensais auparavant, de trouver quelque chose que j'avais toujours cherché, mais plutôt de rencontrer « quelqu'un » qui m'avait toujours attendu.

Les résultats ont été tangibles et, en peu de temps, ma vie a radicalement changé. En quelques mois, mes habitudes les plus négatives ont disparu, et cela sans contrainte. Le changement s'est installé de façon naturelle, les choses et les attitudes auxquelles j'étais attaché s'en allaient, presque sans m'en apercevoir. J'étais comme un homme qui marche vers un point situé à l horizon et qui ne voit pas ce qu'il laisse dans son sillage. J'ai alors eu la certitude – à la fois sentiment et confiance – qu'une personne, une force puissante et bienfaisante agissait sur moi. Elle me faisait aller de l'avant et m'élevait. Sans aucun doute, c'était grâce à son aide que de tels changements survenaient.

Je me suis donc passionné pour la pratique, quitte à en étudier tous les aspects afin de mieux la faire. J'en étais là lorsque j'ai dû affronter mon premier obstacle : la majeure partie des textes concernant Heartfulness n'était pas disponible en espagnol, mais en anglais. Sans perdre courage, j'ai étudié cette langue pendant six mois, j'ai même pris quelques cours. Dictionnaire en main, j'ai avancé – lentement au début – lisant les livres que mon formateur m'avait généreusement prêtés. Au fil des jours, cela s'est révélé plus facile. En même temps, je faisais régulièrement ma pratique, changeant mes habitudes pour me lever plus tôt, méditer une heure, écrire dans mon journal et lire une autre heure avant d'aller au travail. La méditation m'a aidé à comprendre que la vie est une question de priorités. Au vu des résultats, petit à petit la spiritualité est devenue ma priorité. Chaque jour, je ressentais quelque chose de mystérieux, entre un appel et la présence de quelqu'un ; ce ressenti grandissait à l'intérieur de moi et me remplissait d'une force tranquille : c'était comme une profonde aspiration.

Que votre cœur soit le Roi

Après plus d'un an de pratique, on m'a proposé une bourse pour participer, en Inde, à une formation animée par la Sahaj Marg Spirituality Fondation (SMSF). Deux mois plus tard, le 23 décembre 2002, je suis parti à l'autre bout du monde, voyage qui devait me permettre de rencontrer mon guide spirituel et de vivre à ses côtés pendant deux mois et demi. Depuis mon enfance, j'avais toujours rêvé de voyager en Inde. Cet endroit m'attirait profondément, non pour sa géographie, ses paysages ou même ses habitants, mais par une raison mystérieuse, pour ses mystères et sa spiritualité. Ce rêve m'avait toujours paru si lointain, si « impossible » que je l'avais presque oublié. Lorsqu'alors sa réalisation est devenue possible, c'est comme si un secret perdu, une ancienne étincelle de mon être s'était rallumée.

Durant sa préparation et au cours du voyage lui-même, je me suis senti attiré par une force quasi physique, gravitationnelle, comme vers une étoile géante, pleine d'énergie et de force. La première étape de mon séjour m'a laissé une impression mitigée. D'un côté, l'atmosphère du centre de méditation favorisait la paix, au point qu'oubliant tout le reste, je vivais dans une bulle harmonieuse et douce. D'un autre côté, en raison des nombreuses attentes que je nourrissais vis-à-vis du guide, je vivais comme un défi de mieux le connaître. Ainsi, la première fois que je l'ai vu – environ cinq jours après mon arrivée – il marchait le long des couloirs, suivi de nombreuses personnes. Il portait le vêtement traditionnel des hommes de l'Inde du sud : un long tissu de coton blanc, un maillot sans manches et une serviette enroulée autour du cou. Il se démarquait des autres. Utilisant une canne, il marchait droit, mais semblait extrêmement digne avec sa grande taille et son regard, ferme et attentif à chaque chose.

Mon amie vénézuélienne m'a présenté au guide, lui précisant : « *Il est de Colombie.* » Il nous a salués en espagnol : « *Hola, Buenos dias Colombia.* »

Lorsque nous étions proches de lui, il semblait si humain, tellement pareil à chacun d'entre nous. Déçu, je me suis demandé si une telle personne pouvait avoir un don particulier, une condition spéciale, au point de le suivre et de l'accepter comme guide spirituel. Pendant deux mois et demi, j'ai suivi ses pas dans plusieurs villes et villages en Inde. Même si nous ne manquions de rien, cela a été une expérience difficile. Nous n'avions aucun confort et nous déplacions d'une ville à une autre sans aucun plan particulier, soumis à des changements inattendus. Ce n'était pas du tourisme, nous avions un programme quotidien d'études et pratiquions intensément la méditation. Tous cela, combiné aux difficultés de vivre ensemble, a provoqué chez moi une grande pression, tant sur le plan émotionnel que physique : j'ai donc vécu une profonde crise.

En revanche, en voyageant et en vivant tout près du guide, j'ai pu comprendre certaines de ses facettes, beaucoup plus profondes que sa dimension physique ; à ma surprise, il se révélait beaucoup plus grand que je ne l'avais imaginé : modéré, équilibré, simple mais d'une profonde sagesse. Il conduisait les méditations, aussi bien pour des grandes foules que pour des petits groupes ; il discutait aussi beaucoup avec ceux qui l'entouraient, alliant spirituel et activités quotidiennes. Je me demandais comment il avait trouvé le temps d'écrire tous ces livres.

La vision qui émergeait de ce que racontaient les autres était intéressante. Son travail avait induit une profonde transformation dans leur condition intérieure. C'était subtil mais néanmoins observable. J'ai vu l'image du guide apparaître, non seulement à travers leurs paroles, mais aussi dans l'éclat de leurs visages, dans la lumière intense de leurs yeux : tout cela reflétait une énergie puissante, vigoureuse et infinie.

Un jour, j'ai interrogé le guide : « *Comment pouvons-nous savoir si nous évoluons* ? » ; de ses yeux transparents, il m'a regardé : « *Nous ne pouvons pas nous en rendre compte ; ce sont les autres qui le remarquent.* »

J'ai alors compris que la véritable relation avec le guide spirituel ne repose pas sur le plan physique, elle est intérieure. Le Maître humain a déjà emprunté le chemin qui mène au cœur de l'être humain. Sa sagesse, telle une lanterne, illumine le chemin que chacun d'entre nous doit prendre pour atteindre son propre centre. Son amour brille pour nous tous tel le soleil, c'est une force subtile, capable de nous transformer intérieurement grâce à une transmission de cœur à cœur.

En partageant mon expérience, j'ai compris que notre relation avec le guide est fondée sur les valeurs et les sentiments humains ; elle commence avec le respect et l'amour de soi, puis se propage – telles les ondes après qu'on ait jeté un caillou dans l'eau – pour englober ceux qui nous entourent et finalement atteindre tous les humains et les créatures qui partagent notre magnifique univers.

Ce voyage m'a vraiment marqué, quoique ses effets n'aient pas été immédiats. Ils se sont déployés au fil des ans, lors d'un processus lent et régulier. Le guide sème des graines dans notre cœur : elles grandissent tels des arbres de lumière, nourris par une pratique spirituelle régulière. C'est notre esprit limité qui nous empêche d'accepter et d'établir un lien fort avec le guide spirituel.

« *Nous devrions vraiment* – a-t-il dit – *laisser derrière nous un monde meilleur que celui que nous avons trouvé en naissant. Vivre correctement est essentiel. Nous devons vivre de telle manière que tout ce que nous touchons puisse s'améliorer. Tout ce que nous touchons doit être divinisé.* »

En juin 2007, à l'occasion du quatre-vingtième anniversaire de Chariji, j'ai pu une fois de plus visiter l'Inde et me trouver proche de Lui. Soixante-dix mille personnes s'étaient déplacées, issues de plus de quatre-vingt-dix pays. Quelle atmosphère de fraternité ! C'était là un échantillon de ce que son travail pour l'humanité rend possible.

Aime Celui qui aime tout.

Au bout de sept années sur ce chemin de simplicité, je commence à peine à comprendre la dimension des enseignements du guide et ce qu'Il offre. Au début, je faisais des efforts pour les comprendre, mais chaque jour cet effort diminue. Chaque jour, Il me guide pour faire la pratique avec une discipline que j'apprécie. J'essaye aussi de vivre dans le souvenir constant de la divinité, afin que mon esprit ne vagabonde pas et qu'à l'avenir, je devienne aussi « transparent » que Lui. Parfois, je me souviens de ce jour lointain où face à la mer, en plein désespoir, j'ai sincèrement choisi la spiritualité pour donner un sens à ma vie. Aujourd'hui, je découvre que mon existence est immergée dans l'océan de Son amour infini.

« *Lorsque l'esprit ne cherche plus, lorsqu'il n'entretient plus de conflits dus aux désirs et à la passion, lorsqu'il est silencieux parce qu'il comprend, alors l'incommensurable peut exister.* » (Krishnamurti)

20. De la « mal-a-dit » à ma découverte du Soi

Danielle de Benedittis (France)

« *Si quelqu'un désire la santé, il faut d'abord lui demander s'il est prêt à supprimer les causes de sa maladie. Alors, seulement il est possible de l'aider.* » (Hippocrate)

J'ai soixante-treize ans et j'écris. Pourquoi ? Pour raconter mon histoire aux hémiplégiques victimes d'un Accident Vasculaire Cérébral (AVC). J'avais 55 ans et demi lorsque, le 7 février 1999, un AVC a bouleversé ma vie. Jusqu'à mes 55 ans, il me semblait que la vie s'écoulait de façon tout à fait normale.

La maladie

Le samedi 6 février, vers 23 h, je rentre à la maison, après avoir passé une excellente soirée en compagnie de ma fille. Je vais me coucher. Vers 4 h du matin, je me réveille et ne me sens pas très bien : je suis anormalement fatiguée, je décide de téléphoner à ma fille Véronique.

Malheureusement, je suis incapable de bouger et de composer son numéro de téléphone. Je me sens bizarre, mon corps ne m'obéit pas, mon cerveau semble endormi, je suis sans tonus, complètement amorphe. Je constate que je suis totalement paralysée. Je reste allongée, dans un état semi-comateux jusqu'à ce que ma fille arrive à 13 h 30. Bien que j'aie laissé la clé sur la porte, elle parvient à l'ouvrir. Elle est surprise de ne pas me voir dans le salon. Elle se dirige vers la chambre et me trouve complètement inanimée, dans mon lit. Véronique est terriblement choquée. Néanmoins, elle appelle le Samu, qui envoie un médecin. Le diagnostic tombe : « *Votre mère a fait un AVC, il faut la conduire à l'hôpital.* » Les pompiers, appelés, m'emmènent aux urgences. Malheureusement c'est dimanche, les urgences sont débordées, je ne suis prise en charge que vers 19 h.

Je reste deux mois et demi à l'hôpital. À ma sortie, le médecin me fixe un rendez-vous pour le 21 avril 1999 (je dois être opérée, j'ai une plaque d'athérome au niveau de la carotide gauche.) Je passe ma convalescence en maison de repos, puis suis à nouveau hospitalisée pour l'intervention, à la suite de laquelle je repars dans la même maison de repos jusqu'à la fin du mois de juin. Le médecin qui me suit me dit qu'il serait préférable de partir en chaise roulante car elle sera nécessaire à la maison. Je réponds : « *Non.* » Je rentre donc à la maison sans fauteuil. Ma fille s'installe chez moi quelques mois. Il faut solliciter divers intervenants pour gérer les difficultés de la vie quotidienne : une infirmière pour les soins et la toilette, une kinésithérapeute pour rééduquer la marche malgré mon handicap et m'aider à débloquer mon bras droit, une orthophoniste pour me réapprendre à parler, et une femme de ménage.

Tout ce petit monde reste deux ans et demi à mes côtés pour m'aider, me soutenir, me motiver et m'aider à acquérir une nouvelle façon de vivre. Tout est très compliqué pour moi. Mais je me soigne, tant bien que mal, en écoutant le personnel médical.

Le cabinet où exerce mon orthophoniste se situe juste à côté de mon domicile. En 2001, lors d'une séance, je dis à l'orthophoniste : « *Ce n'est pas possible, il doit bien exister quelque chose pour débloquer mon bras droit ankylosé, il doit bien exister quelqu'un capable de le soulager !* » L'orthophoniste me répond : « *Cherchez* !! » Elle est quand même pince-sans-rire, cette orthophoniste ! J'ai cherché. Oh ! Oui j'ai cherché… et j'ai trouvé !

Un après-midi, alors que j'avais décidé de me promener tranquillement dans les rues de Grenoble, je passe devant la librairie « L'Or du Temps ». J'entre, sans trop savoir ce que j'allais y faire, ne lisant pas et ne parlant plus. Sur une table, parmi d'autres ouvrages, m'apparaît alors le livre *Comment se soigner autrement*, de Marie-Lise Labonté. Je l'achète. Peut-être vais-je y trouver des exercices physiques ou des mouvements à faire pour mon bras ankylosé…

Puis les synchronicités s'enchaînent. En 2002, à quelques semaines près, je rencontre deux personnes, sans lien commun entre elles, qui vont changer ma vie. Elles s'appellent toutes les deux Liliane. L'une, amie d'une personne hémiplégique, l'autre, par l'intermédiaire de mon kinésithérapeute. Lors d'une conversation avec la première, je parle à celle-ci du livre en question et à ma surprise, elle me dit suivre les ateliers avec une thérapeute justement formée par Marie-Lise. Je m'inscris à ses cours et c'est alors le début d'un long travail thérapeutique à ses côtés.

La confidence de Papa et la fin de sa vie

Deux ou trois mois avant son décès en 1976, mon père me confie qu'il sait que maman le trompe. J'ai 33 ans, je suis en instance de divorce, peu réceptive et trop préoccupée par mes soucis de couple. Il me raconte qu'un jour, il est rentré plus tôt que prévu à la maison. Il surprend maman et Denis en train de s'embrasser. Denis est un jeune étudiant étranger de 20 ans qui loge chez mes parents. Je lui réponds qu'il se trompe, ce n'est pas possible !

Mon père est à la clinique depuis plusieurs mois, et depuis début août 1976 son état, de jour en jour, s'aggrave. J'annonce à maman que je veillerai papa, avec sa sœur (ma tante Marie). Dans la nuit, papa nous demande de le conduire aux toilettes. C'est avec beaucoup de difficultés qu'on le lève, son corps est lourd. Non sans mal, on arrive à le recoucher, puis on appelle l'infirmière qui lui donne son médicament. Il a encore le courage de remercier l'infirmière. Une heure après, il meurt. La clinique nous demande de faire ramener son corps à la maison.

Il est environ cinq heures du matin quand nous arrivons à la maison. Je sonne à la porte, mais personne ne répond. Je suis surprise. Pourquoi maman ne répond-elle pas ? Tante Marie, qui est à vélo, fait le tour de la maison. Les ambulanciers s'impatientent vraiment. Au moment où je vais leur proposer d'amener le corps chez moi, la porte s'ouvre. Je suis en pleurs.

Les obsèques ont lieu le 8 août 1976. Maintenant, il faut faire le deuil de papa. Ce n'est pas facile pour moi. Je repense à la confidence de mon père par rapport à la relation de ma mère avec Denis. Dans mon esprit, le doute est omniprésent. Y a-t-il réellement quelque chose entre eux deux ? Pourquoi maman a-t-elle mis tant de temps à nous ouvrir la nuit du décès de papa ? Dormait-elle profondément ? En tout cas, des désaccords interviennent entre Denis et les trois enfants. Ma mère défend Denis en disant qu'il est homosexuel, si bien que ma sœur aînée et mon frère – qui n'ont pas eu connaissance de la confidence de mon père – croient maman et ne disent plus rien. Malgré tout, je défends maman, mais elle suit Denis partout. Elle habite successivement Clermont-Ferrand, Maubeuge, Antibes.

Les dernières années de maman

En 2001, maman vient vivre chez moi. Elle m'annonce qu'elle s'est disputée avec Denis. Je l'héberge pendant deux mois, puis elle repart rejoindre Denis.

Quelque temps après, elle me téléphone pour me demander une importante somme d'argent. Je ne peux évidemment satisfaire sa demande. Quelques jours plus tard, Denis m'insulte au téléphone. Je dois prendre un avocat. Ceci le calme, mais nous n'avons jamais revu maman.

Denis téléphone à mon frère pour lui annoncer que maman est décédée le 30 juin 2005 (jour anniversaire de mon frère). Il lui dit que la cérémonie religieuse a été célébrée et qu'il fait ramener le corps pour l'enterrer à Grenoble. Voilà le seul moment du décès de maman que nous avons vécu. À ses obsèques, je me surprends de n'avoir aucune larme. Je suis sereine. Sans doute, tout le travail de développement personnel que j'ai fait, durant toutes ces années, m'est salutaire. Car j'avoue que petit à petit les choses se mettent en place et mon travail assidu et personnel porte ses fruits. Par la pratique du Mouvement Libératoire des Cuirasses (MLC), je travaille sur ma relation avec mon père et ma mère.

Ma vie après

Le 5 juillet 2005, j'ai rendez-vous avec un médium qui me demande les noms de cinq personnes décédées. Je lui énumère, entre autres, le nom de mon père et il me dit que mon père est toujours là. Face à son affirmation, je reste perplexe, puisqu'on parlait de défunts. Je lui réponds : « *Mais il est mort en 1976 et nous sommes le 5 juillet 2005 !* » Il me répond que son âme est restée « sur

Terre ». Je lui demande alors ce qu'il faut faire. En fait, en quelques minutes il le fait monter. C'est la première fois que je vois un médium et j'avoue que je suis surprise. À cette époque, je ne connaissais pas ce monde de « l'invisible ». J'aurai la confirmation, plus tard, que mon père attendait ma mère pour monter et qu'il était resté, aussi, pour m'aider.

Depuis mon AVC, en 1999, je n'ai pas le souvenir d'avoir eu des rêves, en tout cas je ne m'en souviens pas. Chose étrange, en septembre ou octobre 2005, je rêve que ma mère est au pied des escaliers de mon immeuble et qu'elle m'appelle : « *Dany, descends* ! » Je me réveille et m'interroge sur ce message. Je reprends rendez-vous avec le médium, qui fait le nécessaire pour faire monter l'âme de maman. Depuis, mes deux parents me « laissent tranquille ».

Le décès de maman ne m'empêche pas de continuer le travail des MLC. Une ou deux fois par semaine, je participe aux ateliers. C'est primordial pour moi et ça vient bien en complément du travail du kinésithérapeute, de l'orthophoniste, des massages...

Ma vie de femme

Je me suis mariée le 9 juillet 1966 avec Christian. De cette union, deux filles sont nées : Corinne, le 28 novembre 1968 et Véronique, le 4 juin 1971. En 1973, je suis enceinte une troisième fois. Je pars à Londres, avec maman, me faire avorter : en France la loi n'est pas encore votée. En 1974, pour des raisons professionnelles, mon mari s'absente pendant plusieurs mois. Je pars le rejoindre sur son lieu de travail et quelle n'est pas ma surprise de constater qu'il me trompe avec une jeune fille de dix ans plus jeune que moi. En 1975, je suis de nouveau enceinte. Mon mari ne voulant pas d'autre enfant, je me fais avorter une deuxième fois et je demande le divorce, lequel est prononcé le 8 septembre 1976, jour de mon anniversaire : j'ai 33 ans ! Ce détail, anodin en apparence, pourrait sembler superflu, cependant, il ne l'est peut-être pas !

Deux ans après mon divorce, la solitude commence à me peser. En octobre 1978, je rencontre un homme prénommé Christian (tiens bizarre, le même prénom que mon ex-mari !). Il est marié. En 1979, je tombe enceinte, je me fais avorter. Ceci ne nous empêche pas de poursuivre notre relation. En 1983, je retombe enceinte. Là, il n'est pas question pour lui d'accepter l'enfant, je me fais avorter de nouveau. Je me rends seule à la clinique. Notre relation se termine en 2008, quand il part avec l'une de mes meilleures amies dont le fils est mon filleul !

Revenons au 7 février 1999, date à laquelle ma petite vie tranquille bascule ! Pourquoi un AVC ? Pourquoi maintenant ? Sur le coup, évidemment, je ne me pose pas toutes ces questions. C'est une fatalité. Mais, comme je le mentionne au début du récit, les rencontres ne sont pas le fruit du hasard. Petit à petit, une lutte de croyances s'exerce entre la « fatalité » et « quelque chose à comprendre ». Ce monde inconnu, cette façon de voir les choses, différentes de ce que j'ai appris, commence à titiller ma curiosité. Mon « handicap » est là pour que je m'occupe de moi, probablement pour mon évolution personnelle.

En 2003, je fais un œdème de Quincke. Évidemment, c'est toujours le soir que l'événement se produit. Heureusement, une de mes filles habite Grenoble. Elle vient aussitôt et appelle le médecin de garde qui donne le diagnostic. Je me mets à vomir et à déféquer dans le couloir. Je ne peux pas parler. Quand j'entends le médecin dire qu'il faut m'emmener à l'hôpital, je fais signe que non. Très compréhensif, il dit à ma fille qu'il va me faire une injection de morphine, puis il attend un peu pour voir ma réaction. Comme tout va bien, il décide de partir. Le lendemain, c'est comme si rien ne s'était passé la veille !

Le pardon

Dans mon « travail » de développement personnel, j'ai appris à demander « Pardon ». J'ai donc demandé pardon à mon père pour tout ce que je n'ai pas fait enfant, adolescente, adulte.

Je vais tenter de vous expliquer l'importance du pardon et ses résonances. Depuis quelques années, de plus en plus de thérapeutes américains inscrivent le pardon au cœur de leur pratique. Le pardon se pratique pour soi. Il permet d'annuler le jugement et l'autocritique que nous pratiquons par réflexe, la culpabilité et la rancune que nous entretenons. Ces sentiments nous pourrissent la vie. Le travail du pardon, long et difficile, nous oblige à nous remettre en cause, à prendre le risque d'aviver les douleurs, à assumer notre part de responsabilité, à accepter les limites que les autres ou nous-mêmes, nous nous mettons. Pardonner c'est pour soi, pour être plus heureux. C'est un acte profond et libérateur pour nous-mêmes. « *Si j'avais fait ceci, si j'avais fait cela...* ». Inutile de nourrir des comportements de culpabilité, autodestructeurs. La réalité est que si j'avais pu, ou su faire autrement, je l'aurais fait. Demander pardon à mon père me permet d'arrêter de me blâmer, pour retrouver estime et amour de soi. Apprendre à se pardonner est un pas vers le lâcher-prise.

Il m'a fallu plus de vingt ans pour demander « Pardon » à ma mère. Elle avait choisi Denis, elle était attirée par le sexe opposé (Denis et mon frère) et elle leur donnait la priorité. En fait, je ne pensais pas en souffrir, en tout cas pas tant que j'étais à la maison (de 1943 à 1966).

J'ai entamé le processus du pardon lorsqu'en 2007, je rencontre à Romans une thérapeute homéopathe uniciste, sensibilisé à la psycho-généalogie. Elle me fait faire la représentation de l'homme que j'aimais, qui était partagée entre deux amours. Je dois écrire une lettre et ensuite la brûler. « *Tu es totalement l'homme que j'aime et à l'inverse, tu as partagé ton amour entre ta femme et moi. Je me suis sentie coupée en deux et voilà pourquoi mon corps l'a exprimé. J'accepte aujourd'hui cette situation où tu partages ta vie entre deux femmes et je te témoigne ma reconnaissance et ma gratitude. Tu auras toujours une place dans mon cœur.* » Je brûle donc cette lettre, puis je dois faire un rituel. Ensuite, avec ce thérapeute, nous avons évoqué les quatre générations de mes parents :

1) Mes ancêtres, mes arrière-grands-parents : « Vous avez pensé séparation »
2) Mes grands-parents : « Vous avez ressenti la séparation »
3) Mes parents : « Vous l'avez vécue sexuellement »
4) Quant à moi, je traduis tout cela dans mon corps parce que je n'ai pas pu vivre avec l'homme que j'aime et que j'ai dû le partager avec une autre.

Dans ce travail thérapeutique de longue haleine, je ne devais pas non plus ignorer les quatre « bébés » avortés. Aidée par l'homéopathe, à Romans, j'ai « reconnu » ces bébés, je les ai enterrés symboliquement sur la tombe de mes parents, avec un petit mot écrit de ma main et je me suis « pardonnée ».

Une nouvelle approche : Heartfulness

En 2008, je continue toujours à me faire soigner par cette homéopathe uniciste de Romans. Sachant qu'elle médite, je lui demande les coordonnées de quelqu'un à Grenoble. Elle me donne les coordonnées de son beau-frère, formateur à 10 km de Grenoble. C'est en juillet 2008. Je découvre alors Heartfulness. Ce système intègre l'aspect physique, mental et spirituel de l'homme, sans exercer aucune force ou pression. Nous méditons sur le cœur, car il est le champ d'action du mental. Si le cœur est impur, l'esprit est impur. Dans la méditation, nous ne prêtons pas attention aux pensées – que nous laissons passer. Nous adoptons une attitude d'abandon au divin et l'attendons dans notre cœur.

Babuji, un des guides de Heartfulness, a dit à propos des pensées : « *Traitez-les comme des hôtes indésirables* ». Je me suis donc remise à méditer sérieusement, quotidiennement et aujourd'hui je continue. Cela représente pour moi un « havre de paix ». Me mettre au repos et ne penser à rien ! La méditation est un travail long, qui demande beaucoup d'assiduité. Des phases de découragement font place aux phases d'encouragement, mais je sens de plus en plus un sentiment de sécurité m'envahir.

En 2009, dans le cadre de Heartfulness, un week-end est organisé à Romans. Par manque de place, je partage la chambre avec une famille de trois enfants. Cinq dans une chambre, c'est beaucoup et je me sens gênée d'être au milieu d'eux, d'autant plus que je ronfle. La maman m'a réveillée pour faire cesser mes ronflements. Dans l'heure qui suit, je fais un rêve : j'ai un serpent autour de ma gorge. Ce rêve m'a réveillée, j'ai enlevé le serpent autour de ma gorge et je l'ai jeté par terre. Je me suis habillée et je suis sortie pour méditer.

Le 2 février 2013 c'est l'anniversaire de Lalaji, premier guide spirituel du mouvement Heartfulness. On doit passer une journée chez « P. » avec tous les pratiquants. La journée s'annonce bien, avec au programme : méditation, film, repas en commun et de nouveau film et méditation. Comme prévu, nous regardons un DVD, puis nous passons à table. Au milieu du repas, sans savoir exactement ce qui se passe, je fais une fausse route. Ça m'arrive parfois, je suis donc habituée. Sauf que là, étant donné l'importance de mon étouffement, je n'ai pu quitter la salle à manger. Voulant faire taire les invités, je fais des grands gestes de la main à « F.». Je ne peux plus respirer, j'étouffe complètement : un morceau d'aliment reste coincé dans ma gorge. Je ne sais pas combien de temps cela a duré, pour moi ce fut une éternité. On m'appuie sur le diaphragme pour me faire vomir. Je vide à la fois mon estomac et ma vessie, je suis confuse. Je prends une douche et, toujours aidée par mes sœurs, je me change. Brutalement, j'ai la vision d'être une petite fille avec deux mamans. Je m'excuse auprès de tout ce monde, très inquiet de cette situation. Pendant la méditation de l'après-midi, je pleure. À la fin de la méditation, je leur dis que j'avais contacté mon « enfant intérieur » ; cela faisait huit ans que je le cherchais ! Il y a huit ans en effet, lors d'une « trans-communication », mon père m'avait dit qu'il allait m'enfanter. J'étais dans l'expectative. Aujourd'hui, je comprends.

L'enfant intérieur est la partie de nous laissée de côté. Pour devenir un adulte pleinement développé, il nous faut nous remettre en contact avec cette partie de nous-même qui a sa propre histoire à nous dire : une histoire destinée à se libérer. Quand nous sommes blessés, l'histoire se bloque. C'est le cas quand nous sommes divisés, coupés de nous-mêmes. Avant de pouvoir se dire, l'enfant intérieur a en effet besoin de se sentir en sécurité. Il a besoin de gentillesse, d'accueil et d'être valorisé. Il m'a fallu tout ce monde pour que j'écoute et que j'entende cette partie de moi qui était abandonnée. Merci à la maladie ! Sans elle, je serais restée une poupée de plastique. J'ai senti mon enfant intérieur, il ne reste plus qu'à le faire grandir.

Un travail bien long mais ô combien gratifiant

Quinze ans ! C'est long et c'est court ! Quinze ans de maladie, d'hémiplégie, de douleurs physiques, de souffrances psychologiques, de recherches, de constat de la dure réalité de la vie, de persévérance. Quinze années de travail physique et psychologique, avec des hauts et des bas, mais quinze années ô combien riches, pendant lesquelles j'ai avancé, cheminé et cherché la voie la plus ajustée à mon évolution. Quinze années pendant lesquelles je me suis rendu compte, peu à peu, que la vie avait un sens, que tout ce qui m'arrivait n'était pas le fruit du hasard ou de la malédiction, mais un véritable bonheur pour l'âme.

Quinze ans de rencontres, d'expérimentations, de découvertes, de curiosité, quinze années pendant lesquelles je me suis surprise à constater que rien dans la vie n'est figé, que tout est ouverture du cœur et de l'esprit. Les difficultés se sont allégées et l'impossible est devenu possible. Le travail sur mon corps a été une révélation. J'ai appris à tout faire de la main gauche, même à dessiner et à peindre. J'ai compris l'importance de la méditation, accepté de lâcher prise et de pardonner. Se pardonner à soi-même est essentiel pour se libérer. J'ai développé mon ouverture sur le monde qui m'entoure et compris que la vie est merveilleuse. Mes progrès m'ont conduit sur une voie spirituelle et j'ai trouvé mon « enfant intérieur ». Il ne me reste plus qu'à le dorloter et à le faire grandir.

Aujourd'hui, j'écris tout cela. Avec du recul, je peux dire : « *Merci à la vie, merci d'être en vie, et un grand merci à la maladie, à toutes les souffrances qu'elle a générées* ». Je suis devenue une autre personne, une femme accomplie et heureuse.

Je dédie ces pages à mes enfants, Corinne et Véronique, à mon gendre Frédéric, à mes deux petits-enfants, Charlaine et Maxence, à tous ceux qui souffrent, à ceux qui se découragent, à ceux qui ont peur, et à ceux qui croient que plus rien n'est possible !

21. Histoire d'Amour

Hélène Verner (France)

Je provenais d'un système de yoga classique, et mes seuls mouvements de cœur étaient de type émotionnel, comme pleurer à chaude larmes en écoutant dans le texte la *Bhagavad Gita* : témoignage inconscient d'une aspiration profonde.

Lorsque j'ai cherché, puis trouvé un guide spirituel compétent, j'ai commencé Heartfulness, et me suis alors attachée à suivre ses enseignements. J'étais très intimidée par l'idée de l'amour : je m'en sentais incapable, mais j'ai toutefois choisi l'obéissance.

Après quelques années de pratique assez houleuses et un nettoyage conséquent, j'ai vu ce monde devenir pour moi un désert ; j'étais dans une impasse, quand alors l'amour s'est mis à couler dans mon cœur : j'ai réalisé que le vrai but de ma vie était d'aimer. Tout s'est éclairé et ma vie s'est transformée ! À l'aide de toutes les recettes, de tous les conseils des guides spirituels, je me suis évertuée à développer l'amour en moi…

Aujourd'hui, je ne sais plus qui aime qui… cette proximité est devenu un délice, un sentiment d'une telle intensité que toutes mes cellules vibrent à l'unisson. Je ressens que l'amour est l'énergie à la base de tout, elle atteint son apothéose lorsque je suis totalement perdue en Lui. Ainsi mon être entier s'en trouve transformée et ma vie n'est plus que l'expression de Son amour ! Il n'y a plus l'ombre d'un doute, je suis sereine…

22. Ma rencontre avec le *Cheikh* et la voie soufie

Matthew Tobin (Etats Unis d'Amérique)

Dans notre vie, il y a des moments saillants, des événements-clés qui indiquent une orientation, voire une vocation. Nous nous souvenons de ces instants comme des marqueurs, des tournants. La naissance de nos enfants, la mort de nos proches sont autant d'événements qui nous font prendre conscience de la fragilité et de la sacralité de la vie. Notre propre naissance et notre propre mort sont également des moments de vérité – moments inévitables, incontournables – qui nous mettent face à la réalité de notre existence.

Il y a aussi des événements que nous préparons, que nous souhaitons de nos propres vœux, que nous appelons et que nous attendons. Selon ma propre expérience, la rencontre que j'ai vécue le 31 décembre 2005 – il y a quinze ans aujourd'hui – est un de ces moments-clés. Il m'a permis de prendre conscience d'une dimension de la vie dont je soupçonnais l'existence, mais qui restait lointaine, inaccessible.

La dimension spirituelle de la vie me paraissait à la fois urgente et impossible. Etant moi-même le produit d'une éducation athée violente et doctrinaire, je ressentais la dimension spirituelle de la vie comme un mirage : je pouvais l'apercevoir au loin, mais je savais que je ne pourrais jamais l'atteindre. L'accès m'en était strictement interdit. Pendant de longues années, j'ai étudié l'histoire des religions avec un mélange de fascination et d'envie : je ressentais la présence d'un monde spirituel immense et magnifique, mais je me savais condamné à une vie d'errance, dans un désert de silence et de solitude. Je frappais à la porte, personne ne me répondait. J'appelais à l'aide, personne ne m'entendait. Je parlais, mais je ne savais même pas si mes propres paroles faisaient sens, si je « parlais vrai ».

J'étais donc à la recherche de quelque chose, mais je ne savais pas au juste ce que je recherchais. Je ressentais comme de la nostalgie pour un état de grâce que, pourtant, je n'avais jamais connu. En même temps, mon éducation anticléricale et antireligieuse m'avait rendu viscéralement méfiant à l'égard de toute religion

« organisée », de tout groupe se réclamant d'une croyance codifiée. Dans le cadre de mes études, j'ai eu la chance de rencontrer des êtres remarquables, mais leur savoir et même leur foi demeuraient pour moi des croyances – intéressantes, souvent bien construites – mais inutiles. Par contre, grâce à mes études, j'ai eu la chance de retrouver, presque par hasard, la trace d'une tradition peut-être différente. Grâce à des indices fournis par un ami, j'ai pu alors entrer en contact avec des pratiquants – et j'ai accepté leur invitation à rejoindre un de leurs rassemblements, dans la salle des fêtes d'un petit village, situé non loin de là où j'habitais. La personne que j'ai eue au bout du fil m'a simplement dit, sans me préciser l'heure : « *le 31 décembre, salle des fêtes de Villaudric* ».

Je m'y suis rendu vers 19h. Je ne connaissais personne, et n'avais aucune idée à quoi pouvait correspondre ce rassemblement. Quand je suis entré, j'ai vu devant moi une grande foule : plusieurs centaines d'hommes, de femmes et d'enfants tous habillés de blanc. Dans un calme presque irréel, les enfants couraient dans tous les sens, quasi silencieusement, comme si c'étaient les êtres les plus chanceux et les plus heureux du monde. Les adultes, presque tous assis en rangs, étaient en train de chanter : un chant apaisant, lent et répétitif, incroyablement envoûtant. Bien qu'apparemment étranger et « intrus », je me suis senti accueilli avec spontanéité et simplicité. Ainsi, quand je me suis avancé, un homme s'est poussé pour me laisser une place. Je ne le connaissais pas, et pourtant il m'a regardé comme si j'étais un vieil ami, de retour après une longue absence. Quelle atmosphère ! Créée par le chant, les rires des enfants, doux et discrets, et cette grande foule plongée dans une intense concentration. J'ai été saisi et n'ai pu m'empêcher de penser : « *Là, tout n'est qu'ordre et beauté, luxe calme et volupté* ».

J'ai donc commencé à chanter avec les autres, sans même connaître les paroles, sans comprendre leur sens : elles étaient pour moi dans une langue inconnue. Après plusieurs heures assis par terre à chanter, peu avant minuit, j'ai entendu des gens pousser des cris. Personne ne s'est levé, mais j'ai observé une vague d'excitation et d'intense bonheur. J'ai compris que le guide était arrivé. J'ai découvert ainsi devant la foule, sur une petite estrade, un homme souriant, humble, qui nous saluait avec douceur et chaleur.

Il a pris la parole pour souhaiter la bonne année aux membres du groupe. Pendant qu'il parlait, je suis devenu conscient d'une présence très inhabituelle et très étonnante : tous les gens l'écoutaient avec une attention totale, dans une concentration intense. Ceci a produit un effet remarquable : on pouvait presque sentir la somme de toutes les concentrations qui s'additionnaient pour former une entité à part. À un moment donné, l'homme qui parlait a pris un ton légèrement réprobateur : il semblait que certains membres du groupe avaient adopté envers lui une attitude obséquieuse, et voulaient l'appeler « Maître ». Il a insisté sur le fait qu'il était un simple homme, ni plus, ni moins, avec ses failles et ses faiblesses – comme tous les êtres humains. La seule différence, a-t-il alors confié – et ce fut un moment décisif, que je n'oublierai jamais – la seule différence entre lui et les gens qui se disaient ses « disciples », c'était que la sincérité était un concept pour eux, un idéal dont ils parlaient, sans forcément le pratiquer. Lui, par contre, était « *obligé d'être sincère* » car il était leur guide.

L'événement survenu ce 31 décembre 2005 a été d'une parfaite banalité : j'ai entendu une personne évoquer la sincérité et, à cet instant-là, j'ai su que cette personne en parlait justement… avec sincérité. Tout ce qui m'avait paru théorique et donc suspect devenait réel, concret. Le concept de sincérité m'est soudain apparu comme une substance, une chose dont je pouvais ressentir physiquement la présence. Une porte s'ouvrait devant moi : enfin je pouvais avancer dans un monde éclairé non par une croyance quelconque – un dogme ou une doctrine – mais par ce que je voyais. « *Quand on voit, on n'a plus besoin de croire* », dit-on dans la tradition soufie.

En effet, la personne qui a prononcé ces paroles si simples qui m'ont tant bouleversé… est un Maître soufi. Il s'agit de Khaled Bentounes, *Cheikh* (Guide) de la Voie soufie *Alawiyya*. Ce soir-là le Cheikh Bentounes s'adressait à un groupe de *fouqaras* (pauvres, au sens de la pauvreté apostolique), nom que les pratiquants de la voie soufie utilisent pour se désigner. J'étais venu en tant qu'observateur, dans le cadre de mes études sur les diverses pratiques religieuses. Ma visite était motivée par la curiosité intellectuelle, mais la rencontre s'est avérée être d'une toute autre dimension : j'ai aussitôt pris conscience que j'avais enfin trouvé quelqu'un en qui je pouvais avoir confiance, qui parlait de choses réelles, avec une sincérité réelle. Je savais aussi que la sincérité était le point de départ d'une voie initiatique d'une immense richesse. J'ai décidé tout de suite de demander la permission d'adhérer à la *tariqa* (voie), de devenir membre et de commencer à assister aux réunions. Le représentant du *Cheikh* m'a répondu que je n'avais pas besoin de demander la permission : « *J'étais membre depuis toujours, depuis longtemps avant ma naissance* ». En temps normal, j'aurais pris cette réponse à la légère, même avec un peu d'ironie. Mais cette réponse m'a été donnée par un homme qui parle avec une sincérité absolue, qui ne ment jamais, et qui mène une vie entièrement consacrée à la vérité. Est-ce la preuve de la véracité de ses déclarations ? La vérité n'est pas un énoncé, mais une chose vivante, partie intégrante de tout être humain qui la pratique.

Le socle de l'enseignement soufi que je suis depuis quinze ans est composé de trois principes : sincérité, humilité et amour. La sincérité vient en premier : sans la sincérité, de quel droit prendrais-je la parole, à quoi bon parler, sinon pour répandre la confusion ou même le mensonge ? L'humilité est un devoir pour celui qui s'engage dans la voie soufie, c'est très clairement énoncé dans l'Evangile, puis de façon tout aussi claire dans le Coran : « *Ce n'est pas moi qui sait, c'est le Père* ». Enfin, l'amour est le but de toute quête spirituelle, le retour à la source, la matrice de l'existence. Le mot arabe *rahma* veut dire amour, miséricorde. C'est l'attribut primordial de Dieu, et le mot est de la même racine que « matrice ».

La seule véritable doctrine de l'enseignement soufi est *tawhid* (unicité). Nous sommes tous liés les uns aux autres, car nous sommes tous issus de la même création. Une seule création, une seule humanité. De là, on peut tirer des conclusions nombreuses et percutantes : il n'existe point de races, mais une seule famille humaine ; la diversité des tribus, des nations, de tous les types d'êtres humains ne pose aucun problème : nous sommes unis dans la diversité, et libres d'être des individus à part entière ; il ne peut y avoir de contrainte en matière de croyance religieuse ; la fraternité, la tolérance, le pardon et le service de l'humanité forment ensemble la voie vers le salut ; il faut vouloir pour les autres ce que chacun voudrait pour lui-même ; certes, au cours du temps nous pouvons être perdus, mais alors il faut prier.

Tous ces principes et bien d'autres encore nous motivent et nous animent dans notre vie de tous les jours. La *tariqa* n'est pas une secte, et le soufisme n'est pas une religion, mais simplement une pratique et un enseignement. L'Islam est la soumission à la volonté du Dieu seul et unique, le soufisme est un chemin qui tente d'aider ceux qui mettent en pratique les principes et les préceptes de l'Islam.

L'alpha et l'oméga apparaissent alors clairement : nous devons vivre dans ce monde comme si nous devions y rester toute l'éternité, et nous devons vivre pour l'autre monde comme si nous allions mourir tout de suite.

Glossaire

Babuji (1899 – 1983) : affectueux surnom donné à Ram Chandra de Shahjahanpur qui a été le second guide du mouvement HFN. Il a simplifié certaines étapes préliminaires du *raja yoga* traditionnel, ce qui eut notamment pour effet de le rendre praticable pour l'homme moderne et de le situer définitivement au-delà de toutes les religions existantes.

Bhagavad Gita (littéralement : le chant du seigneur) : poème intégré dans le sixième livre du *Mahabharata* mettant en scène l'enseignement du seigneur Krishna à l'archer Arjuna. Le seigneur Krishna y présente les trois voies menant à la réalisation du seigneur : (**1**) Le *jnana yoga* ou voie de la connaissance et de la discrimination. (**2**) Le *karma yoga* ou voie de libération privilégiant l'action désintéressée. (**3**) Le *bhakti yoga* ou voie du devoir de chaque individu envers lui-même ; cette voie prône la foi, l'amour, la dévotion, la reconnaissance, l'abandon, la consécration et l'obéissance au guru. Dans ces enseignements qui datent du IIème siècle avant JC, le yoga, qui jusque-là s'adressait essentiellement à des ascètes, devient une voie plus accessible à tout le monde. La *Bhagavad Gita* est une reformulation du yoga destinée à l'homme d'action.

Chakras (littéralement : roues, disques) : centres des forces vibratoires localisés à différents endroits du corps. Symboliquement, les *chakras* sont souvent représentés sous forme de lotus.

Daaji (1956 -) : affectueux surnom donné à Kamlesh Patel, quatrième guide du mouvement Heartfulness. Son enseignement, fruit de décennies de recherche dans le domaine de la spiritualité, associe l'expérience pratique, la réflexion philosophique et les récentes découvertes scientifiques. Auparavant, il a travaillé à New York comme pharmacien pendant plus de trente ans.

Guru (littéralement : celui qui ôte l'obscurité) : quelqu'un qui transmet la lumière, la connaissance ; enseignant spirituel, guide. Maître qui, étant maître de son soi, guide l'aspirant en spiritualité par l'exemple de sa vie et par ce qu'il préconise. « *Le guru est le lien qui relie l'homme à Dieu. C'est seulement par son intermédiaire que nous* *pouvons atteindre Dieu. Il est le seul pouvoir qui puisse nous extraire des complications du chemin... Il est donc essentiel que le guide que nous choisissons soit de la plus grande envergure et qualifié pour le travail qui consiste à arracher les enchevêtrements en un clin d'œil, grâce au pouvoir extraordinaire dont il dispose. Ce ne peut être que quelqu'un qui ait atteint la perfection : la complète négation de soi. Donc, nous devons établir un lien avec quelqu'un qui dispose de ce grand pouvoir par nos sentiments d'amour et d'attirance.* » (Ram Chandra, *Sahaj Marg. Le septième darshana*, coffret Raja-Yoga, Infolio 2007).

Hatha yoga : (littéralement en sanscrit: yoga de la force) : selon Patanjali qui codifia les yogas, le *hatha yoga* ne concerne que le corps physique et n'agit que sur ce dernier.

Lalaji : affectueux surnom donné à Ram Chandra de Fatehgarh (1873 – 1931), premier guide spirituel du mouvement HFN. Lalaji, qui se présente en tant que disciple de Huzur Maharaj, un guide spirituel de l'ordre soufi *Naksh Bandia*, fut aussi le premier initiateur du mouvement HFN. Ses œuvres complètes, composées de plusieurs volumes, rendent compte de sa vision du monde, de son parcours entièrement dévoué au bien de toute l'humanité, de sa profonde humilité et de la qualité exceptionnelle de son niveau spirituel. À la mort de Lalaji, son fils, le *mahatma* Jagmohan Narayan obtint la permission de la *Naksh Bandia* de dispenser à son tour l'entraînement spirituel. Mais il semble que par la suite, le lien qui avait existé du vivant de Lalaji entre lui-même et la *Naksh Bandia* ait dû être coupé, par « ordre du divin » en somme, comme devait l'expliquer plus tard Babuji : *« Vous serez peut-être également surpris de remarquer que le réseau de connexions qui existaient jusqu'à présent n'existe plus, car il a été coupé selon les instructions du Divin. Un autre lien a été établi pour le remplacer, par lequel chacun doit nécessairement passer. Il est par conséquent essentiel pour chacun d'entre vous de vous tourner vers ce nouveau lien – et le plus tôt sera le mieux – ceci afin de me donner la possibilité de réajuster et de rectifier votre connexion, faute de quoi vous demeurerez privés de la grâce infinie du Maître. »* (Babuji, *Œuvres complètes*, tome IV, extrait du message du 31 mars 1945).

Mantra : Hymne védique censé renfermer un pouvoir. Vibration primordiale spirituelle qui, lorsqu'elle est chantée, libère une personne en purifiant son esprit de ses tendances. Répété sans arrêt, le *mantra* est supposé réguler l'activité de l'esprit. Dans le christianisme, on peut considérer que les chants grégoriens ont une fonction similaire. Formule sacrée, symbole de la divinité qu'elle invoque lors de sa répétition dévotionnelle. Le *mantra* fondamental est *om*. Un des *mantras* les plus utilisés est Ram. C'est une technique pour induire un premier stade, grossier, de souvenir constant du divin. Elle fait ensuite place à des méthodes de souvenir plus fines.

Naqshbandi : connue aussi sous le nom de *Naqshbandiyya*. Ordre soufi dont le nom est associé à Shah Naqshband (1317 – 1388), qui est né à Boukhara en Asie Centrale. Les *naqshbandîs*, que l'on appelle aussi parfois les « soufis silencieux », pratiquent la méditation (*mouraqaba*) sous la conduite d'un Maître ou d'un *Cheikh*.

Nettoyage : il s'agit du processus au cours duquel la force originelle de la pensée est utilisée volontairement par le pratiquant de Heartfulness pour effacer ses propres impressions cognitives, mémoires (*samskaras*). La technique de nettoyage, décrite dans l'annexe 3, est aussi utilisée par le formateur ou le guide spirituel du mouvement Heartfulness.

Parthasarathi Rajagopalachari (1927 – 2014) : troisième guide du mouvement Heartfulness. Par ses discours, ses livres, ses voyages à travers le monde et par-dessus tout grâce à la transmission, il a servi les chercheurs spirituels du monde entier. Il était affectueusement appelé Chariji par les pratiquants du mouvement Heartfulness.

Raja Yoga (littéralement en sanscrit : yoga royal) : antique système suivi par les grands *rishis* et les grands saints pour les aider à réaliser en eux le but le plus élevé ou fusion avec le Soi, c'est-à-dire avec Dieu. Le *raja yoga* est considéré comme une science. Il est qualifié de royal, car il utilise le corps mental (*mind*), instrument royal en nous, susceptible de créer notre bonheur comme notre malheur suivant l'usage que nous en faisons. Le *raja yoga* se distingue du *hatha yoga* (yoga du corps physique) car il n'utilise que le corps mental comme instrument pour atteindre le but. Le *raja yoga* vise à la régulation du corps mental pour l'orienter vers l'âme universelle et non vers le corps physique et les cinq sens. La méditation Heartfulness qui commence à la septième étape du yoga de Patanjali [la méditation (*dhyana*)] est considérée comme un système modifié de *raja yoga*.

Rien-té : La rien-té ne doit pas être confondue avec le rien comme le précise Chariji : « Rien *ne doit pas être confondu avec « rien-té ». C'est comme une sorte de* vacuum. *Hier je disais que Dieu ne peut être absent dans l'espace ou dans le temps car il est à la fois omniprésent et éternel. S'Il n'était pas présent quelque part il y aurait un vide et Il devrait Lui-même occuper ce vide car rien d'autre ne peut l'occuper. Il est tellement subtil ; le vide est tellement puissant. C'est pourquoi le Sahaj Marg*[13] *dit : « Créez un vide dans votre cœur », c'est ce que nous faisons en nous débarrassant de toutes les ordures, de tous les déchets, de toutes les choses soi-disant utiles.* » (Chariji, *Cœur à Cœur*, chapitre 14, vol 7). Chariji précise aussi : « *Babuji n'était rien. C'est ma thèse… Et étant rien, il ne pouvait rien donner, si ce n'est rien ! Et seuls ceux qui veulent obtenir rien de lui devraient aller auprès de lui pour obtenir ce rien ! Et si vous êtes assez stupides pour demander : « Pourquoi dois-je aller auprès de lui pour obtenir rien de lui ? Ne puis-je obtenir rien chez moi ? » Essayez seulement ! Si vous pouvez obtenir rien assis tout seul chez vous, vous êtes un saint, vous êtes presque divin vous-même Voilà donc ce qui est curieux au Sahaj Marg : pour obtenir rien, je ne dois souhaiter rien. Si je ne souhaite rien, je dois aller auprès de quelqu'un qui est rien, qui ne possède rien, et essayer d'obtenir de lui le rien qu'il possède. C'est une situation d'une beauté extraordinaire. C'est une situation qui n'a pas de parallèle dans toute l'histoire de la pensée humaine, dans toute l'histoire de l'effort spirituel humain. De tous temps, les gens sont allés auprès des autres en quête de quelque chose. Jamais les gens ne sont allés auprès de quelqu'un en quête de rien. Pour la première fois dans l'histoire humaine, nous avons une institution, nous avons un guide qui nous dit : « Venez à moi pour trouver rien. Je ne vous donne rien. Vous ne ramenez rien avec vous.* » (Chariji, *Le cœur du lion,* 1993).

Secte : du latin *secta* signifiant ligne de conduite politique, principes, manière de vivre, secte, école philosophique, école de médecine, école religieuse. Selon le

[13] Le Sahaj Marg est appelé aujourd'hui mouvement Heartfulness (NDE).

dictionnaire de la langue française (petit Robert), la secte est définie comme un groupe organisé de personnes qui ont la même doctrine au sein d'une religion, ou qui professent une même doctrine. Babuji Maharaj précise dans l'un de ses messages : « *Dans cette vieille Europe, on a tendance à tout mélanger. Le mot « secte » est devenu tabou. Le mot lui-même, dans sa signification, est déformé. Les médias font beaucoup de mal, en parlant de choses qu'ils ne connaissent pas et en mettant toutes les voies spirituelles dans le même panier. La religion, même chez les non-pratiquants, marque encore grandement les esprits. Il y a ce qui est officiel, c'est à dire les religions qui sont des institutions, donc respectables, et ce qui ne l'est pas, qui est à rejeter : « Il faut pourchasser ces mouvements qui ne sont pas bons pour l'homme, sans même savoir de quoi il retourne. » Le mot secte produit une véritable psychose, c'est assez particulier à l'Europe et à la France principalement. Les religions – qui n'ont pas fait, dans le passé et encore à notre époque que du bien – elles, ont droit de cité. C'est ainsi : on ne balaie pas des siècles de pouvoir sur les esprits. Les enseignements des Maîtres du passé, qui ont marqué l'humanité, ont été déformés, utilisés par des pouvoirs d'argent et des besoins personnels de puissance. Le monde est ainsi : tout est sali. Ces Maîtres ont donné un code moral, un code de vie propre et beau, tout tourné vers le Créateur et la créature. Que de crimes ont été commis, au nom de ces enseignements ! Réfléchissez à tout cela et voyez la simplicité de ce que vous avez trouvé dans cette voie, et son apport dans votre vie.* » (Babuji Maharaj, message du 24 juillet 1999, 8 h, issu de la seconde révélation). Ainsi alors que ce terme a été introduit dans la langue française depuis le XIIème siècle – sans nuance péjorative – il a acquis progressivement une connotation péjorative en France (Laurent Hincker, *Sectes, rumeurs et tribunaux*, 2003).

Sutra (littéralement en sanscrit : fil) : aphorisme, traité décrivant un rituel, ce que l'on nomme en Occident un « classique » ou tout simplement un livre.

Tariqa (littéralement en arabe : voie) : Nom donnée à une confrérie soufie. La *tariqa Alawiyya* a été fondée par le *Cheikh* (guide) Ahmed ibn Moustapha al-Alawi à Mostaganem en Algérie, en 1909. Aujourd'hui le guide de la *tariqa* est le *Cheikh* Khaled Bentounes. Une biographie du *Cheikh* al-Alawi a été écrite en 1961 par l'historien anglais Martin Lings, *A Sufi Saint of the Twentieth Century* (*Un saint soufi du XX siècle*, Paris, 1990, pour la version française). La meilleure source sur la genèse et l'histoire du soufisme est le livre intitulé *L'Initiation au soufisme* de Eric Geoffroy.

Transmission ou *pranahuti* (littéralement en sanscrit: don de vie) : procédé yogique au cours duquel l'énergie divine émanant de la source est transmise par celui qui le maîtrise à un lieu ou à un pratiquant afin de le transformer et finalement le diviniser. Chariji précise : « *Babuji disait : ' Je sème la graine de la spiritualité dans le cœur de celui qui la reçoit '. Ensuite, elle est arrosée avec son amour qui est la transmission. Alors il est de notre devoir de permettre à cette lumière de grandir. On n'allume pas une lampe pour l'éteindre aussitôt. Il doit lui être permis de grandir et grandir jusqu'à ce que la lumière, non seulement nous remplisse le cœur, mais s'écoule de nous pour illuminer tout ce qui se trouve autour de nous – et alors, chacun d'entre nous peut devenir la lumière.* » (Chariji, *Le cœur du lion*, extrait du discours du 11 avril 1993 au matin).

Annexe 1 : méthode guidée de relaxation Heartfulness.

Asseyez-vous confortablement et fermez doucement les yeux. Détendez-vous.

Commencez par les orteils. Remuez-les.
Maintenant sentez qu'ils se détendent…
Détendez vos chevilles et vos pieds…
Sentez l'énergie qui monte de la terre… de vos pieds jusqu'à vos genoux, et qui détend les jambes…
L'énergie monte le long des jambes… et les détend.
Maintenant détendez profondément vos hanches… votre ventre… et votre taille…
Détendez votre dos… Votre dos entier est détendu, du haut jusqu'en bas…
Détendez votre poitrine et… vos épaules. Sentez simplement que vos épaules fondent…
Détendez le haut de vos bras… Détendez chaque muscle de vos avant-bras… vos mains… jusqu'au bout des doigts… Détendez les muscles du cou…
Portez votre attention sur votre visage… Détendez les mâchoires… la bouche…, le nez…, les yeux… les lobes des oreilles…, les muscles du visage…, le front… jusqu'au sommet de la tête.
Sentez que votre corps est maintenant complètement détendu…
Respirez calmement… Dirigez votre attention vers le cœur. Emettez tranquillement l'idée que la Source de lumière illumine votre cœur de l'intérieur et attire votre attention vers l'intérieur.
Sentez-vous immergé dans l'amour et la lumière dans votre cœur.
Restez dans le calme et le silence et absorbez-vous en vous-même.
Restez absorbé dans ce profond silence aussi longtemps que vous le souhaitez, jusqu'à ce que vous vous sentiez prêt à revenir.

Annexe 2 : méthode guidée de méditation Heartfulness avec transmission.

Asseyez-vous dans un endroit où vous pouvez méditer sans bruit ni distractions, de préférence au même endroit et à la même heure chaque jour.

Eteignez votre téléphone portable et autres appareils.

Fermez doucement les yeux et détendez-vous. Asseyez-vous le dos droit, mais sans rigidité.

Prenez quelques minutes pour détendre votre corps avec la relaxation HFN.

Portez votre attention à l'intérieur et prenez un moment pour vous observer.

Emettez ensuite calmement la suggestion que la Source de lumière est là, présente dans votre cœur.

Pensez que cette lumière vous attire à partir de l'intérieur.

Faites cela de manière douce et naturelle. Il n'est pas nécessaire de vous concentrer.

Si vous sentez que votre attention dérive vers d'autres pensées, revenez en douceur à l'idée de la Source de lumière dans votre cœur

Laissez votre attention posée sur le cœur. Sentez que vous vous fondez dans cette perception.

Vous allez peut-être dépasser l'état de vigilance pour atteindre un état de détente profonde. Tout va bien.

Restez en méditation jusqu'à ce que vous sentiez qu'elle est terminée.

Annexe 3 : méthode guidée de nettoyage Heartfulness.

Nettoyez mentalement votre système des complexités et des impuretés.

Pensez qu'elles vous quittent. Installez-vous avec la pensée que toutes les complexités et impuretés partent.

Pensez qu'elles sortent de votre organisme entier, par le dos, du haut du crâne jusqu'au coccyx.

Suggérez mentalement que les impuretés et les complexités sortent de votre système par le dos sous forme de fumée ou de vapeur. C'est un processus à la fois actif et doux.

Ne vous attardez pas sur des évènements ou des choses dont vous souhaitez vous débarrasser. Balayez-les simplement.

Si votre attention dérive et que vous vous retrouvez pris dans d'autres pensées, ramenez votre attention en douceur et appliquez votre volonté de manière adaptée.

Au fur et à mesure que les impressions partent par le dos, vous allez commencer à ressentir de la légèreté dans le cœur.

Faites cela pendant 20 à 25 min, lorsque vous êtes chez vous.

Maintenant, suggérez, en appliquant votre volonté de manière ajustée, que le processus de nettoyage s'accélère.

Si vous vous sentez très léger, cela signifie que vous êtes relié à la Source. Le courant, venant de la Source, pénètre votre cœur et vous aide à enlever les impressions par le dos.

Lorsque les complexités sont parties, vous vous sentez simple. Les impuretés sont parties et vous vous sentez pur. Le courant sacré diffuse dans votre cœur, dans chaque cellule et chaque partie de votre corps. Vous sentez que tout votre être est sacré et complètement purifié.

Titre original anglais : The Divine Spark

Traduction : Charles Thomas
Révision : Bernard Clément

Impression : Imprimerie Trulli, Vence

ISBN : 979-10-97204-00-6

www.saisonsdumonde.fr

Couverture : © Danielle de Beneditis (1ère page),
Chantal Pierre et Claire Gormley (4ème page).